国学经典│典藏版

维摩诘经

〔后秦〕鸠摩罗什　译
韩焕忠　注译

中州古籍出版社
·郑州·

图书在版编目（CIP）数据

维摩诘经 /（后秦）鸠摩罗什译；韩焕忠注译 . —郑州：中州古籍出版社，2023.9（2025.10重印）
（国学经典典藏版）
ISBN 978-7-5738-0959-9

Ⅰ.①维… Ⅱ.①鸠…②韩… Ⅲ.①《维摩诘经》- 注释②《维摩诘经》- 译文 Ⅳ.① B942.1

中国国家版本馆 CIP 数据核字（2023）第 187684 号

WEIMOJIE JING

维摩诘经

出 版 人	许绍山
策划编辑	刘　晓
责任编辑	刘　晓
责任校对	岳秀霞
美术编辑	曾晶晶

出 版 社	中州古籍出版社
地　　址	河南自贸试验区郑州片区（郑东）祥盛街27号6层 邮编：450016　电话：0371-65723280
发行单位	河南省新华书店发行集团有限公司
承印单位	河南印之星印务有限公司
开　　本	640 mm×960 mm　1/16
印　　张	14
字　　数	168千字
印　　数	3 001—8 000册
版　　次	2023年9月第1版
印　　次	2025年10月第2次印刷
定　　价	58.00元

本书如有印装质量问题，请联系出版社调换。

《维摩诘经》与中国文化

《维摩诘经》在中国译本众多、内容丰富、讲席兴盛、影响广泛，是中国人最为喜欢的佛教经典之一，因而也对中国文化产生了极为重大而深刻的影响。

一、译本众多

自汉至唐，《维摩诘经》在中土凡经七译，即东汉严佛调所译《古维摩诘经》二卷，三国吴支谦所译《维摩诘经》二卷，西晋竺法护所译《维摩诘所说法门经》一卷，西晋竺叔兰所译《异毗摩罗诘经》三卷，东晋支敏度所译《维摩诘经》四卷，后秦鸠摩罗什所译《维摩诘所说经》三卷，唐玄奘所译《说无垢称经》六卷。其中三国吴支谦所译《维摩诘经》、后秦鸠摩罗什所译《维摩诘所说经》、唐玄奘所译《说无垢称经》留传至今。

支谦名越，字恭明，先祖为月支人，其父于东汉灵帝时入籍中土。支谦生于洛阳，深沐华风，曾受业于同族支亮，精通汉文，兼学梵书，通达大乘佛教理论。献帝末，支谦随族人避乱南渡，被孙权拜为博士，受命辅导太子孙登，登死后隐于苏州穹隆山，年六十岁卒于山中。自吴黄武二年（223）至建兴二年（253），支谦译述佛教经籍数十部,今可确认者有《阿弥陀经》二卷、《维摩诘经》二卷、《了本生死经》一卷、《大明度无极经》四卷、《菩萨本业经》一卷等二十九部。支谦所译《维摩诘经》十四品品名为《佛国品》《善权品》《弟子品》《菩萨品》《诸法言品》《不思议品》《观人物品》《如来种品》《不二入品》《香积佛品》《菩萨行品》《见阿閦佛品》《法供养品》《嘱累弥勒品》。支敏度曾说:"越才学深彻,内外备通,以季世尚文,时好简略,故其出经,颇从文丽,然其属辞析理,文而不越,约而义显,真可谓深入者也。"[1] 这是对支谦译经总体风格的概括,也适用于对他所译《维摩诘经》的评价。支谦所译《维摩诘经》在中国佛教史上也产生了很大的影响,鸠摩罗什的弟子,素有"秦人解空第一"的僧肇,"家贫以佣书为业,遂因缮写,乃历观经史,备尽坟籍,爱好玄微,每以庄老为心要。尝读老子德章,乃叹曰:'美则美矣,然期神冥累之方,犹未尽善也。'后见旧《维摩经》,欢喜顶受,披寻玩味,乃言始知所归矣。因此出家,学善方等,兼通三藏,及在冠年,而名振关辅"[2]。这就是说,本来已经精通儒家经史和道家老庄的僧肇,就是因为读了支谦所译《维摩诘经》而心生欢喜,对其佩服得五体投地,由此而出家为僧的。

鸠摩罗什(344—413),其先代本出印度婆罗门,其父鸠摩罗炎弃相位出家,东越葱岭,远投龟兹,被龟兹王迎为国师,后被逼和王妹耆婆结婚,生鸠摩罗什和弗沙提婆二人。罗什于七岁随母出家,先后师从佛图舌弥、盘头达多、佛陀耶舍、须利耶苏

---

[1] (东晋)支敏度:《合首楞严经记》,《出三藏记集》卷第七,北京:中华书局,1995年,第270页。
[2] (南朝梁)释慧皎:《高僧传》卷第六,北京:中华书局,1992年,第309页。

摩、卑摩罗叉等，年甫弱冠，即精通三藏大小内外之学。高僧释道安在长安闻其盛名，多次劝说前秦王苻坚迎请罗什东来。建元十八年（382），苻坚遣兵西域，嘱大将吕光攻下龟兹后，速送罗什入关。建元二十年（384），吕光陷龟兹，俘罗什。但吕光素不奉佛，莫测罗什智量，以常人待之，逼罗什与龟兹王女结婚。次年（385），苻坚被杀，吕光割据凉州，自立为凉主，父子相继，罗什被滞凉州。直至后秦姚兴嗣位，于弘始三年（401）出兵西攻凉州，吕隆兵败投降，罗什才被迎入长安，时已五十八岁。后秦王姚兴敬重罗什，以国师待之，宗室显贵如姚旻、姚嵩、姚显、姚泓等，也都信奉佛法，尽力维护，公卿以下莫不归心。弘始四年（402）起，罗什先后译出《阿弥陀经》《大智度论》《百论》《大品般若经》《十诵律》《妙法莲华经》《维摩诘所说经》《华手经》《小品般若经》《中论》《十二门论》《成实论》等经论，并于译经之暇，常在逍遥园澄玄堂及草堂寺讲说众经，培养了僧肇、僧睿、昙影、僧导、道生、慧观等一大批高僧。弘始十五年（413）四月，因微疾，骤卒于长安大寺，时年七十。罗什所译《维摩诘所说经》十四品品名为《佛国品》《方便品》《弟子品》《菩萨品》《文殊师利问疾品》《不思议品》《观众生品》《佛道品》《入不二法门品》《香积佛品》《菩萨行品》《见阿閦佛品》《法供养品》《嘱累品》，对三国吴支谦所译《维摩诘经》多有采用，也有所是正。罗什之弟子，曾经亲预译场的僧肇记述翻译此经盛况云："大秦天王俊神超世，玄心独悟，弘至治于万机之上，扬道化于千载之下，每寻玩兹典，以为栖神之宅，而恨支竺所出，理滞于文，常恐玄宗坠于译人。北天之运，运通有所在也。以弘始八年（406）岁次鹑火，命大将军常山公、右将军安成侯与义学沙门千二百人，于长安大寺，请罗什法师重译正本。什以高世之量，冥心真境，既尽环中，又善方言，时手执梵文，口自宣译。道俗虔虔，一言三复，陶冶精求，务存圣意。其文约而诣，其旨婉而彰，微远之言，于兹显然矣。"① 由于罗什本人在梵汉文学和佛教义理方面都具有非常好的素养，参与的僧俗大众也都是一时俊彦，从而使罗什所译的《维摩诘所说经》呈现出辞理俱优的特色，成为中土最为流行的译本。

玄奘（602—664），俗姓陈，本名祎，河南洛州缑氏（今河南省洛阳市偃师区缑氏镇）人。其先代世为官宦，其父潜心儒学而早亡，遂依二兄长捷法师住洛阳净土寺，十一岁熟习《法华经》《维摩》，十三岁时洛阳度僧，破格入选，听讲《涅槃经》《摄论》。隋末兵乱，玄奘随兄由长安入成都，听讲《摄论》《杂阿毗昙心论》《阿毗昙八犍度论》。唐高祖武德五年（622），玄奘在成都受具足戒。武德七年（624）离开成都，沿江东下，游历荆扬，再到长安，汉地经论，靡不深究，而讲筵所闻，异说非一，于是上表请允赴天竺求法，未获许可。贞观三年（629），时逢饥馑，朝廷准许道俗四出就食。玄奘得便西行，历经千辛万苦，越过沙漠葱岭，终于进入天竺境内，遇见高僧大德，即便停留参学，如此且行且学，至贞观七年（633），到达那烂陀寺，从学于戒贤三藏，历时五年。此后玄奘又游历参学天竺各地，凡经四年，返回那烂陀寺之后，为寺众讲解《摄论》《唯识抉择论》，并著《会宗论》三千颂、《制恶见论》一千六百颂。戒日王于曲女城建立大会，以二论标宗，任人难破，与会者有十八国王、各国大小乘僧三千多人、那烂陀寺僧千余人、婆罗门及尼乾外道二千余人，经十八天，无一人提出异议。玄奘因此获得"大乘天"和"解脱天"

---

① （后秦）僧肇：《注维摩诘经》卷第一（并序），《大正藏》第38册，第327页。

的尊称,这才辞别戒日王,携带几百部梵本和各种佛像,启程东归,于贞观十九年(645)正月到达长安。此后十九年间,玄奘译出《大菩萨藏经》《瑜伽师地论》《大般若经》等经、论七十五部,一千三百三十五卷,并撰写了《大唐西域记》等著作。唐高宗麟德元年(664)二月五日中夜,玄奘圆寂于玉华宫。玄奘所译《说无垢称经》虽然有六卷之多,但也是十四品,其品名为《序品》《显不思议方便善巧品》《声闻品》《菩萨品》《问疾品》《不思议品》《观有情品》《菩提分品》《不二法门品》《香台佛品》《菩萨行品》《观如来品》《法供养品》《嘱累品》。

学者们1999年在西藏自治区拉萨市布达拉宫发现了《维摩诘经》的梵文抄本,并于2001年将其公布于世。梵文学者黄宝生将梵文抄本与罗什、玄奘译本进行了对勘研究,得出了一些非常富有重要学术意义的结论。他说:"如今我们依据《维摩诘经》梵本原文,对照阅读什译和奘译,可以发现什译文字倾向于适当简化,而奘译忠实于原文,基本上做到逐字逐句全部译出,不予删削和简化,必要时,文字还略有增饰。在将梵语转化为通顺的汉语方面,奘译和什译是一致的。什译文字也无刻意雕琢或注重藻饰的迹象。而奘译有时会受原文约束,译文显得不如什译简约流畅。"[①] 这无疑是对唐玄奘所译《说无垢称经》,特别是对后秦鸠摩罗什所译《维摩诘所说经》的充分肯定,表明这两部经典具有高度的准确性和可信性,而且还可以帮助我们理解罗什译本更为流行的原因所在。黄宝生还对鸠摩罗什和玄奘翻译风格的差异给出了解释,他认为,"其中重要的原因就是鸠摩罗什的翻译,在

---

① 黄宝生:《梵汉对勘维摩诘所说经》,北京:中国社会科学出版社,2011年,第23页。

转换成汉语这个关节上,倚重笔受。那些笔受并不通晓梵语,而是经过与鸠摩罗什讨论,领会意义后,直接用汉语表达,不怎么受梵语原文的束缚。而玄奘的脑子里始终装着梵语原文,也就会力求完整无缺地译出"①。对于玄奘门人窥基(632—682)在《说无垢称经疏》中对罗什译本所作的诸多批评,黄宝生在进行了认真研究之后指出:"窥基在经名翻译问题上对鸠摩罗什的批评不能成立。……现在看来,他至多学得一些梵语基础知识,并不真正通晓梵语。"②"从这些品名的翻译可以看出,什译和奘译原本都具有相当的灵活性。而且,奘译的一些品名也借鉴什译。而窥基僵硬地以奘译品名为绝对标准,一味挑剔什译,缺乏批评的说服力。"③"对于什译和奘译中一些表述不同的语句,窥基也能指出其中有些奘译比什译更准确;有些只是表述方式不同,而意义一致。但也有一些批评不当之处。"④"综上所述,窥基对什译的批评大多不能成立。窥基这种翻译批评的致命弱点在于他不通晓梵文,不能依据梵本原文,比照什译和奘译,对什译作出实事求是的评论。而且,他怀有'门户之见',言词之间明显透露出对鸠摩罗什抱有偏见,缺乏公允之心。"⑤黄宝生的这些研究结论,非常有利于人们增强对鸠摩罗什所译《维摩诘所说经》的信心。

---

① 黄宝生:《梵汉对勘维摩诘所说经》,北京:中国社会科学出版社,2011年,第23页。
② 黄宝生:《梵汉对勘维摩诘所说经》,北京:中国社会科学出版社,2011年,第25页。
③ 黄宝生:《梵汉对勘维摩诘所说经》,北京:中国社会科学出版社,2011年,第27页。
④ 黄宝生:《梵汉对勘维摩诘所说经》,北京:中国社会科学出版社,2011年,第27—28页。
⑤ 黄宝生:《梵汉对勘维摩诘所说经》,北京:中国社会科学出版社,2011年,第28—29页。

另外，黄宝生对《维摩诘经》梵文抄本进行了今译，共有十二品，其品名为《佛土清净缘起品》《不可思议方便善巧品》《声闻和菩萨推辞问疾品》《问疾品》《示现不可思议解脱品》《天女品》《如来种性品》《入不二法门品》《化身取食品》《有尽无尽法施品》《取妙喜世界见阿閦如来品》《托付品》。支谦、鸠摩罗什和玄奘在翻译该经时，可能考虑到各品之间篇幅长短的均衡性，故而将《声闻和菩萨推辞问疾品》开为《弟子品》（玄奘译为《声闻品》）和《菩萨品》两品，将《托付品》开为《法供养品》和《嘱累品》（支谦译为《嘱累弥勒品》）两品，从而导致了梵文抄本与汉译本品数的不同。

二、内容丰富

后秦鸠摩罗什所译《维摩诘所说经》问世之后，在中土深受喜爱，即便是玄奘所译《说无垢称经》，也无法望其项背。所以当人们提到《维摩诘经》时，如无特别说明，一般都是指罗什译本。我们此处所说的《维摩诘经》，也是就罗什译本而言。在笔者看来，人们之所以如此喜爱《维摩诘经》，除了罗什译笔简练、灵活、精当之外，还与该经内容极为丰富具有很大关系。具体而言，该经在内容上表现出情节曲折、形象鲜明、想象奇特、义理深刻等几个极为显著的特点，从某种意义上讲，《维摩诘经》也是一部优秀的文学作品。

《维摩诘经》讲述的故事情节极为曲折。佛经开始，谓佛住毗耶离大城庵罗树园，五百长者子各携供具，同来礼佛，听佛讲说心净则佛土净的道理。(《佛国品》)维摩诘寝疾在床，城主、长者、富商、官吏、民众等纷纷前往问疾，维摩诘趁此机会，为大众讲说身为苦本、危脆不实等法。(《方便品》)佛知维摩诘示疾之意,于是派遣舍利弗、目犍连、须菩提等十大声闻弟子前往问疾,而十大声闻弟子由于往昔皆曾遭到维摩诘的弹斥,纷纷说不堪诣彼问疾。(《弟子品》)佛又指示光严、弥勒、持世、善德四大菩萨弟子前往问疾,四大菩萨弟子往昔也曾遭到维摩诘的弹斥,故而也都说不能胜任。(《菩萨品》)最后还是文殊师利菩萨承佛圣旨,率领大众,前往问疾,维摩诘说自己病因众生病而起,众生病因执着而起,以及如何慰问有疾菩萨、有疾菩萨如何看待己病等问题。(《文殊师利问疾品》)舍利弗久立思坐,于是维摩诘显现神通,从须弥灯王佛处借来三万二千高广师子之座。(《不思议品》)维摩诘向大众宣说众生虚幻不实之理,天女出来散花,与舍利弗探讨男女相不可得之理。(《观众生品》)维摩诘与文殊师利共同讨论"行于非道,是为通达佛道"的道理。(《佛道品》)三十二菩萨,各说入不二法门,最后维摩诘默然不说,文殊师利大为赞叹,以为此是真入不二法门。(《入不二法门品》)食时将至,舍利弗腹饥思食,维摩诘遣化人前往香积佛国,请来香积佛所食之余,使大众得享殊胜香饭。(《香积佛品》)众香国中有不少菩萨随维摩诘所遣化来此娑婆世界,礼拜释迦牟尼佛,佛为其讲说尽无尽解脱法门。(《菩萨行品》)维摩诘神通广大,引起人们的兴致,舍利弗发问其于"何没而来生此",维摩诘以手断取妙喜世界,展示于众生之前。(《见阿閦佛品》)佛为大众讲说自己的本事故事,阐明诸供养中法供养最为殊胜。(《法供养品》)佛将此经付嘱弥勒,希望能流通将来。(《嘱累品》)《维摩诘经》叙述故事完整,情节曲折离奇,可谓是一波三折,引人入胜。

维摩诘作为一位精通佛法的居士,他善于利用各种时机解说佛理,弘扬佛法,使人们获得佛法的实际利益。即便在诸多方面允称第一的佛之十大弟子，授记为一生补处、当来作佛的弥勒菩萨等人，也都无法掩盖其内在的光辉。他既可以与文殊师利等人侃侃而谈，显示出对佛法的圆融理解和讲经说法时的辩才无碍，也可以在三十二菩萨各说入不二法门时默然不语，显示出他对佛法智慧的灵活掌握和巧妙运用。他可以在自己的方丈之室中接待文殊师利等数千百万前来问疾的大众，可以从须弥灯王佛处借来数万高广师子之座，可以派遣幻化之人前往香积佛国请来香积如来所食的香饭，还可以用手将妙喜世界阿閦佛国断取到娑婆众生的面前，让人们领略了什么是真正的神通广大。而他在释迦如来面前，却又展现出毕恭毕敬、洗耳恭听的一面，彰显出居士在佛教大众中应有的谦逊态度，堪称广大佛教居士的光辉榜样。其他人物，如文殊师利，谦和、内敛，言谈举止极为得体，其形象塑造也是非常成功的。而舍利弗，作为声闻弟子的代表，在此经中作为反派人物，对于推动故事情节的开展，往往起到至关重要的作用。舍利弗号称智慧第一，所以他宴坐林中，受到维摩诘的弹斥，衬托出维摩诘智慧的超群；进入维摩诘方丈之室，他看到室中空无一物，心中想到座位的问题，促成了维摩诘借座灯王佛的机缘；座谈既久，他腹饥欲食，又成就了维摩诘请饭香积佛的机缘；而他对维摩诘的衷心称扬，则意味着大乘佛法对小乘佛教而言具有不可比拟的优越性。即便是在维摩诘室中散花的天女，其与舍利弗之间的斗智斗法，也对维摩诘光辉形象的提升，对大乘佛法的殊胜，都起到了非常好的渲染和烘托作用。可以说，《维摩诘经》对维摩诘、文殊师利、舍利弗、天女等人物形象的塑造是成功的，给读者们留下了非常鲜明、非常深刻的印象。

　　《维摩诘经》展现的人类想象十分奇特。人生在世，其所受的局限至为显然：力不若牛马，猛不过虎狼；无翼可以飞升，无鳞可以沉潜；局促于百年之内，栖息于垄亩之间；能书写不过一二样文体，会说话难出两三种语言；经常触处有碍，不时心愿难圆；风流才子，临命终了，空怀遗恨，英雄豪杰，大限来时，仰天长叹。无论人类科学如何发达，要想从根本上解决人类的生存局限可以说都是不可能的，但人类可以借助想象，突破自身的局限，在思想中暂时实现完全的自由。如果我们以理性的态度来看《维摩诘经》的话，会深刻地体会到该经的奇特想象帮助人类实现了思想中的自由。维摩诘可以弹斥各称第一的十大弟子，可以指正弥勒、持世、善德、光严四大菩萨，可以与文殊师利对谈大乘佛理，可以向大众展示奇妙的佛国境界，这表明他是一位于佛法而得自在的佛教大居士，这类居士除了在《维摩诘经》中，在人类佛教史上还没有出现过，像维摩诘那样在知识和智慧的汪洋大海中实现自由自在的遨游，至少在目前，还只能存在于人类的想象之中。维摩诘可以在方丈之室中容纳下数千百万前来问疾的大众，可以容纳下从须弥灯王佛处借来的广博严净的高广师子之座，可以派遣幻化之人前往极其遥远的香积世界请来香积如来所食的香饭，可以将妙喜世界阿閦佛国旋转于自己的手掌之上，突破人类自身的时空局限，在大小、远近、古今之间实现如此自由自在、随心所欲的切换，我们说，也只能存在于人类的想象之中。因为截至目前，登上离地球文明最近的月球，或者发射探测器去探测火星的基本状况，对人类来说都是非常不容易的事情，而早在《维摩诘经》诞生的时代，人们对于与地外文明的交流情况，都已产生如此丰富多彩的想象，从而为人类栖息自己的心灵开创了无穷广阔和无限多样的精神空间，这不能不说是人类极为奇特的想象。

《维摩诘经》讲述的故事情节虽然曲折，塑造的人物形象虽然极为鲜明，展现的人类想象虽然十分奇特，但毕竟是一部佛经，演说佛教的思想义理才是其最主要的职责和任务。《维摩诘经》所说"佛以一音演说法，众生随类各得解"，在充分保证佛作为最高权威的同时，也为佛法形态的多样性埋下了伏笔，成为后世中国佛教诸宗派判教的滥觞。该经所说"随其心净，则佛土净"，指明佛教修行的关键和重心，在于对心灵的呵护和净化，这无疑是为中国佛教的发展指明了致力的方向。维摩诘示现有疾，为前来探视的城主、长者、官吏、富户、平民等讲说此身危脆、不可久住等，是小乘佛教厌患现实、追求出离的体现。维摩诘对十大弟子、四大菩萨的弹诃，则是站在大乘佛教的立场上，对小乘佛教执着于佛法的破斥。而维摩诘与文殊师利在谈论中所表达的不舍道法而现凡夫事、行于非道而通达佛道，超越差别和对立、于二而入不二法门，不住无为、不尽有为，观身实相、观佛亦然等，都是极为深刻的佛法哲理，属于大乘佛教的精髓，中国佛教诸宗派的精义，如从本垂迹、发迹显本、默然顿入等，往往都可以溯源于此。其他如四圣谛、四无量心、四无所畏、五根、五力、六度、六通、八正道、八背舍、十力、十二因缘、三十七道品，如此之类的名相和义理，简直是俯拾皆是，这应当是这部经典深受佛教信众喜爱的根本原因。职此之故，在某种意义上，我们甚至可以说，《维摩诘经》就是一部不折不扣的，站在大乘佛教立场上，同时又包罗大小乘的佛法总纲。

总之，《维摩诘经》在中国不仅深受佛教界的喜爱，而且还获得了广大士大夫长久的欢迎，至今仍然散发着熠熠闪烁的思想光辉，展现出经典所特有的巨大的内在吸引力，对中国人的语言、思维、生活情趣、行为方式等诸多方面产生了深远而广泛的影响，就是得益于这部经典凝练精当的文字表达、无比丰富的思想内涵和无限广阔的诠释空间。

三、讲席兴盛

　　《维摩诘经》甫一译出，即受到中土人士的普遍欢迎，一时讲席甚盛。在现存三个译本之中，吴支谦与唐玄奘的译本虽然也有弘扬，但注疏和讲说最多的，还是要数后秦鸠摩罗什的译本。

　　在鸠摩罗什之前，东晋高僧支敏度曾经将三国吴支谦、西晋竺法护和竺叔兰三个《维摩诘经》译本的优点和长处综合起来，组织成一个合本。在支敏度看来，《维摩诘经》乃是"先哲之格言，弘道之宏标也。其文微而婉，厥旨幽而远。可谓唱高和寡，故举世罕览"，传入中土之后，形成了支谦、竺法护和竺叔兰三个不同译本，《合维摩诘经序》云："或辞句出入，先后不同；或有无离合，多少各异；或方言训古，字乖趣同；或其文胡越，其趣亦乖；或文义混杂，在疑似之间。若此之比，其途非一。若其偏执一经，则失兼通之功；广披其三，则文烦难究。余是以合两令相附，以明所出为本，以兰所出为子，分章断句，使事类相从。令寻之者瞻上视下，读披按此，足以释乖迕之劳，易则易知矣。若能参考校异，极数通变，则万流同归，百虑一致。庶可以辟大通于未寤，阖同异于均致。"也就是说，支敏度以三国吴支谦所译《维摩诘经》为母本，将西晋竺叔兰所译《异毗摩罗诘经》的相关内容附录于下，以便于读者对这两个译本展开比较，从而选择最为认同的译法。我们说，这也是支敏度在弘扬《维摩诘经》时，面对几种难分轩轾的不同译本，采取并列其译文的办法，也是实属不得已之举，不过我们由此也可以从一个侧面了解到，当时佛教界对《维摩诘经》已经达到非常喜爱的程度，正在想方设法萃集当时几种译本的优点和长处，试图形成一种比较完善的本子，而鸠摩罗什译本的出现，在一定程度上也使这种努力成为现实。

鸠摩罗什在翻译《维摩诘经》的同时，即开启了对这部经典的宣说和弘扬，而其座下弟子，如僧肇、僧叡、道生等，也都各尊所闻，各以所解，撰出了注疏这部经典的著作，这自然也是他们弘扬这部经典的底本和依据。僧肇对此经也是称扬有加："其旨渊玄，非言象所测；道越三空，非二乘所议。超群数之表，绝有心之境，眇莽无为而无不为，罔知所以然而能然者，不思议也。……此经所明，统万行则以权智为主，树德本则以六度为根，济蒙惑则以慈悲为首，语宗极则以不二为门。凡此众说，皆不思议之本也。至若借座灯王，请饭香土，手接大千，室包乾像，不思议之迹也。然幽关难启，圣应不同，非本无以垂迹，非迹无以显本，本迹虽殊，而不思议一也。"[①] 僧肇以权实二智、本迹二门概括此经的宗旨，实是具有将该经视为般若学总纲的意味。僧叡对此经的评价非常高，他说："五百应真之所称述，一切菩萨之所叹伏，文殊师利对扬之所明答，普现色身之要言，皆其说也。借座于灯王，致饭于香积，接大众于右掌，内妙乐于忍界，阿难之所绝尘，皆其不可思议也。高格迈于十地，故弥勒屈之而虚已；崇堙超于学境，故文殊已还，并未有窥其庭者。法言恢廓，指玄门以忘期；观品夷照，总化本以冥想。落落焉，声法鼓于维耶，而十方世界，无不悟其希音。恢恢焉，感诸佛于一室，而恒沙正觉，无不应其虚求。"[②] 这就是说，《维摩诘经》义理精湛，思想深刻，神通广大，盛名远播，成就了此经无比的殊胜，而僧叡本人

---

① （东晋）僧肇：《维摩诘经序》，《出三藏记集》卷第八，北京：中华书局，1995年，第309页。
② （东晋）僧叡：《毗摩罗诘提经义疏序》，《出三藏记集》卷第八，北京：中华书局，1995年，第311页。

又因为曾经亲与其译事，得到过鸠摩罗什的指导，故以平日所闻之义疏释此经，以便通其微旨，明其博辞，使其得到真正的理解和接受。我们说，由于僧肇、僧叡、道生等人都曾经亲炙鸠摩罗什，因此他们对《维摩诘经》的理解，自然带有当时译场中的诸多信息，实在是不可多得的理解《维摩诘经》的参考资料。

隋朝以降，中国佛教进入创宗立派时期，天台宗、三论宗、唯识宗、华严宗、禅宗等相继成立。这些宗派虽然没有一家是以《维摩诘经》为宗经，但都对《维摩诘经》给予了充分的重视。

天台宗以《法华经》为宗经，虽然远推印度的龙树菩萨为高祖，但其实际创立者，却是有"东土释迦"之称的天台智者大师（538—597）。天台智者止观并进，定慧双修，道誉甚著，受到陈、隋两代帝王的皈敬，其弟子章安灌顶曾说："智者弘法三十余年，不畜章疏，安无碍辩，契理符文，挺生天智，世间所服伏，有大机感，乃为著文。奉敕撰《净名经疏》，至《佛道品》，为二十八卷。"[1]其言下之意，天台智者大师在三十多年的弘法生涯中，从来没有准备过什么讲稿或者讲义，他在讲经说法的时候，完全凭借自己对经文的准确记忆、卓越理解和无碍辩才，就能非常好地做到了既契合诸佛之理，又符合经典文句。在灌顶看来，天台智者大师的这种超群的智慧和能力就是天生的，因而折服了诸多的讲经说法之师，取得了世人的普遍信服。天台智者大师虽然著述等身，如《法华玄义》《法华文句》《摩诃止观》等这些彪炳中国佛教史的光辉著作，都是在他讲经说法时由座下听讲的弟子笔录整理而成的。只有在特别重要的人物一再劝请之下，他才会进行亲笔著述。如早年在陈朝宫廷，因为受到俗家胞兄的劝请，撰写

---

[1]　（隋）灌顶：《隋天台智者大师别传》，《大正藏》第50册，第197页。

了《童蒙止观》；入隋之后，又受到扬州行营大总管、晋王杨广的劝请，撰写了《净名经疏》，也就是《维摩经玄疏》，但是只撰写到《佛道品》，二十八卷，后面的部分就由章安灌顶续写完成。由此可知，《维摩经玄疏》在天台宗诸多的经典中，具有特别的重要性。今天收录在各种藏经中的《维摩经玄疏》，则是由其后学荆溪湛然削略改定的。天台智者大师判释《维摩诘经》云："此经以不思议人法为名，不思议真性解脱为体，不思议佛国因果为宗，不思议权实折伏摄受为用，不思议带偏显圆为教相。"[①] 部属方等，藏通别圆四教并用，后经《法华》之开权显实、发迹显本，藏通别圆四教并知圆理。《维摩经玄疏》的玄义部分后来被灌顶摘出，以《四教义》十二卷的形式单行于世，成为天台宗集中阐发其五时八教判教理论的主要著作。灌顶所撰《天台八教大意》，谛观所撰《天台四教仪》，智旭所撰《教观纲宗》等，无不以此疏为依据，而孤山智圆撰《维摩经略疏垂裕记》又张大天台智者、荆溪湛然之说，下而至于蕅益智旭、谛闲古虚等，亦莫不有弘扬《维摩诘经》的著作，从而使弘扬《维摩诘经》的传统在天台宗中得以传承和延续。

　　身经陈、隋、唐三朝的嘉祥吉藏（549—623）是鸠摩罗什、僧肇等所谓"什肇山门义"或者说"关河旧说"的继承者，同时也是中国佛教三论宗的实际开创者。他不仅著有《净名玄论》，而且还著有《维摩经义疏》，对于弘扬《维摩诘经》可谓是不遗余力。他在《净名玄论》序言中说："金陵沙门释吉藏，陪从大尉公晋王至长安悬芙蓉曲水日严精舍，养器乖方，仍抱脚疾。恐旋南尚远，而朝露非奢。每省慰喻之言，游心调伏之旨。但藏青裳之岁，顶戴斯经；白首之年，玩味弥笃。愿使经胎不失、历劫逾明。因撰

---

① （隋）智𫖮：《维摩经玄疏》卷第一，《大正藏》第38册，第519页。

所闻，著兹玄论。昔僧叡、僧肇悟发天真，道融、道生神机秀拔，并加妙思，具析幽微，而意极清玄、辞穷丽藻。但斯经文约义富，意远义深，略阐未彰，广敷似现，故博采南北，捃拾古今，复检经论，微加櫕思，实有过半之功，庶免徒劳之弊。"① 这里透露出，与智者大师应晋王杨广之请而著《维摩经玄疏》一样，嘉祥吉藏的《净名玄论》也是因为与晋王杨广讨论《维摩诘经》而著述的，这里既透露出杨广对《维摩诘经》的喜爱程度，又反映出嘉祥吉藏对《维摩诘经》的终生弘扬，还彰显出这篇《净名玄论》是一篇汇聚古今精义的进呈之作，其精当是不容怀疑的。他在《维摩经义疏》序言中说："以无言而无不言，故张大教网，亘生死流；以无像而无不像，则住如幻智，游戏六道。是故斯经人法双举。言其人者，所谓净名，以净德内充、嘉声外满，天下借甚，故曰净名。岂止降魔劳怨，制诸外道，亦五百声闻自称不敏、八千菩萨失对当时。所言法者，谓不思议解脱也。内无功用，不假思量，外化幽微，物莫能测，谓不思议也。纵任自在，尘累不拘，道贯双流，二慧常并，谓解脱也。"② 这里对《维摩诘经》的称扬，可谓是极尽赞叹之能事。而从这两则序言中，我们也可以清楚地感受到，嘉祥吉藏对《维摩诘经》的诠释充满了真俗二谛义、以无所得为究竟义，由此形成了他对《维摩诘经》的三论学解读。

玄奘的弟子慈恩窥基曾著《说无垢称经疏》，对乃师所译出的《说无垢称经》进行弘扬。窥基对《说无垢称经》推崇备至，他称赞此经说："今此经者，含众旨之大虚，绾群筌之天沼。理穷真俗之府，迹轶心言之外。杳神机而靡测，湛粹德而难思。变百亿于

---

① （隋唐）吉藏：《净名玄论》卷第一，《大正藏》第38册，第853页。
② （隋唐）吉藏：《维摩经义疏》卷第一，《大正藏》第38册，第908页。

足按，运三千于掌握。合盖罗于万像，彰尘岳之危浮。丈室总八希，照真场而永净。纳妙高于毫芥，境均大小，灌巨海于蹄涔，织齐宽狭。阐玄门之秘键，移觉苑之道获，出朽宅之牛轩，渡洋河之象驾。"① 他将《说无垢称经》视为包含佛教各种宗旨和诸多诠释的太虚、天沼。谓其已经穷尽了真俗二谛的宝库，超出了语言和思维的范围。神机莫测，道德纯粹。其中描述的神通，如按一下足趾就可以使百亿世界发生巨大变化，将三千大千世界运之于掌握之中。将诸多伞盖合而为一并包罗万象，彰显尘刹世界。方丈之室竟可以容纳诸多高广师子座而可以实现广狭自在、无所迫隘。确实是开启玄妙法门的关键，佛法悟道的重大收获，将众生运出破烂宅院的牛车，将众生运到洋河彼岸的象驾。他称赞乃师的翻译说："所以西靡玉谍，东耀金姿，竞赏一真，已经六译。既而华梵悬隔，音韵所乖，或仿佛于遵文，而糟粕于玄旨。大师皎中宗于行月，镜圆教于情台，维绝纽而裕后昆，缉颓纲以格前范，陶甄得失，商榷词义，载译此经，或遵真轨。"②《说无垢称经》既然如此殊胜，故而在西天、东土普遍受到重视，至玄奘之世，已经有了六次翻译。但由于中华与西梵语言的隔绝，许多翻译只是略得仿佛，甚至竟成糟粕。好在玄奘大师深谙中道之宗，明了圆满之教，故而可以扭转此经翻译的局面，以精当的语言，准确展现前人的成就，以垂裕于后昆。他称赞《说无垢称经》："振金声于金口，扬玉字于玉麇。警涛群聪，宣畅云说。道融真宰，业檀灵机。韬紫袂以潜仪，偶玄儒以耀彩。或权或实，示寝疾而演大方；乍隐乍显，假对扬以光体命。播英声之十子，皆词道屈；标

---

① （唐）窥基：《说无垢称经疏》卷第一，《大正藏》第38册，第993页。
② （唐）窥基：《说无垢称经疏》卷第一，《大正藏》第38册，第993页。

灌顶之一人，承威才暗。既清梵行，且肃神襟，雅誉远彰，名无垢称。"①对其人之辩才无碍、方便善巧、神通广大可谓是极尽称赏之能事。在笔者看来，称扬《维摩诘经》，称扬维摩诘，是诸家之所同，但窥基为了突显玄奘译本之殊胜，竟不惜抹杀他本之贡献，则体现出强烈的自是而非他的宗派色彩。

中国佛教华严宗和禅宗的诸位祖师虽然没有注疏过《维摩诘经》，但在他们的著述或者语录中称引该经的地方所在多有，这可以充分表明他们对该经是非常熟悉的，而且他们判释此经为顿教，在尊尚圆顿的中国佛教语境中，自然也是对该经的一种极大的推崇。近代以来，弘扬该经者亦不乏人，如月霞、太虚等，都留下了弘扬该经的讲录。时至今日，人们仍然非常喜爱《维摩诘经》，在互联网上搜索一下，便可看到南怀瑾的《维摩诘的花雨满天》、徐文明的《维摩诘经译注》、释心田的《图解维摩诘经》、黄宝生的《梵汉对勘维摩诘所说经》，等等。

四、影响广泛

《维摩诘经》对中国文化的影响至为广泛而深刻，这在绘画、变文、雕塑、诗词、语言等诸多方面都产生了非常明显的体现。

最早以画维摩诘著称的画家为顾恺之，但其作品早已佚失不传，因此，《维摩诘经》对中国绘画艺术的影响主要体现在各地的佛窟壁画上。有人总结说："《维摩诘经变》是敦煌石窟中常见的经变题材，仅莫高窟就有68个洞窟绘制这一内容。敦煌石窟中，《维摩诘经变》最早出现于莫高窟的隋代洞窟，此时大多是在佛龛

---

① （唐）窥基：《说无垢称经疏》卷第一，《大正藏》第38册，第993页。

的两侧分别画维摩诘和文殊菩萨；唐代及以后就非常流行了，画面人物更多，规模更大，内容更丰富，情节更复杂，场面更宏大，而且有些是通壁构图，有些是在门的两侧分别画维摩诘和文殊菩萨。"[1]其中尤以莫高窟第103窟的《维摩诘经变》壁画最具代表性，论者谓其"体现了盛唐人物画的最高水平。此窟东壁南侧绘维摩诘坐于帐内，身体前倾，手持麈尾，目光炯炯，嘴唇微启，仿佛与文殊论辩的样子。这一人物形象虽然在很多洞窟都有表现，但在此铺壁画中，画家强劲的线描，把人物神情姿态表现得如此鲜活，十分难得"[2]。榆林窟第32窟北壁的"《维摩诘经变》则把维摩诘幻化的妙喜世界画在中央，左侧画维摩诘，右侧画文殊菩萨。这样实际上是以佛国世界为中心的对称构图，是净土图构成与传统的《维摩诘经变》的结合。西侧的维摩诘身居宝帐内，头裹软巾，手执麈尾，身体微微前倾，注目露齿，滔滔不绝地与文殊菩萨辩论佛法。宝帐上方就是须弥灯王所借的狮子座。宝帐前方绘天女戏弄舍利弗……上方画阿难乞乳……维摩诘的侧上方绘制方便品"[3]。龙门石窟现存维摩诘变相一百多铺，云冈石窟现存维摩诘图四十九幅，涉及《文殊师利问疾品》《观众生品》《香积佛品》《菩萨行品》《嘱累品》等，可谓是题材丰富，形式多样。此外，大足石窟中，也都有取材于《维摩诘经》的壁画。从这些壁画中，我们可以看出，中国人基本上是按照能言善辩的名士和足智多谋的智者来理解维摩诘的形象的。甚至到了宋朝，还出现了石恪、李公麟等以画维摩诘像著名的大画家。

---

[1] 敦煌研究院：《榆林窟艺术》，南京：江苏美术出版社，2014年，第60页。
[2] 敦煌研究院：《敦煌文化探微》，南京：江苏美术出版社，2014年，第87页。
[3] 敦煌研究院：《榆林窟艺术》，南京：江苏美术出版社，2014年，第62页。

在敦煌莫高窟，不仅保存《维摩诘经》变相，即取材于《维摩诘经》的壁画，而且还保存了在长安地区形成并流传于敦煌地区的《维摩诘经》变文，即改编自《维摩诘经》的讲唱文学。如《持世菩萨》中说："经云：时魔波旬从万二千天女，状帝释鼓乐弦歌，来诣我所。是时也，波旬设计，多排采女嫔妃；欲恼圣人，剩列奢华艳质。希奇魔女，一万二千；最异珍宝，千般结果。出尘菩萨，不易恼他；持世上人，如何得退。……魔王队仗离天宫，欲恼圣人来下界。广设香花申供养，更将音乐及弦歌。"[1]也就是说，所谓《维摩诘经》变文，就是首先引一段《维摩诘经》的原文，接着以白话解释一番，然后再以韵文将其唱颂出来，已基本具备后世所谓大鼓、评弹等说唱艺术形式。再如《文殊问疾》中说："经云：'佛告文殊师利，汝行诣维摩诘问疾。'言佛告者，是佛相命之词。缘佛于会上，告尽圣贤，五百声闻，八千菩萨，从头遣问，尽曰不任。皆被责呵，无人敢去。酌量才辩，须是文殊，其他小小之徒，实且故非难往。适来妙德菩萨，亦是不堪。今仗文殊，便专问去。于是有语告文殊曰：三千界内总闻名，皆道文殊艺解精。体似莲花敷一朵，心如明镜照潭清。常宣妙法邪山碎，解演真乘障海倾。今日筵中须授敕，与吾为使广严城。"[2]其先引经文、再以散文解释、复以韵文唱颂的特征至为明显。《维摩碎金》则是对《方便品》的解释和唱颂，总体风格与上牒文类似，此不具引。我们说，高僧大德们讲说《维摩诘经》，本来就是因为中土民众的喜爱，如今又改而为娱乐性非常强烈的讲唱，当更能促进《维摩诘经》在中土民众中的深入传播，而且还由此开启了中国的说唱艺术，自然也

---

[1] 项楚：《敦煌变文选注》，北京：中华书局，2019年，第583—584页。
[2] 项楚：《敦煌变文选注》，北京：中华书局，2019年，第619页。

是包括《维摩诘经》在内的佛经变文对中国的一大贡献。

中土士民喜爱维摩诘,不仅图画之,讲唱之,而且雕塑之,而且塑造维摩诘像,还成了盛唐时期塑家圣手杨惠之的拿手绝活。北宋中期的苏轼初入仕途,出任凤翔府签判,在凤翔天柱寺看到杨惠之所塑维摩诘像,赋诗赞叹:"昔者子舆病且死,其友子祀往问之。跰𨇤鉴井自叹息,造物将安以我为。今观古塑维摩像,病骨磊嵬如枯龟。乃知至人外生死,此身变化浮云随。世人岂不硕且好,身虽未病心已疲。此叟神完中有恃,谈笑可却千熊罴。当其在时或问法,俯首无言心自知。至今遗像兀不语,与昔未死无增亏。田翁里妇那肯顾,时有野鼠衔其髭。见之使人每自失,谁能与诘无言师。"① 苏轼从杨惠之所塑维摩诘像联想到《庄子·大宗师》中的真人,倒是为我们思索维摩诘在中土盛行的深层文化因素提供了很好的启发。三十二菩萨各说入不二法门,维摩诘一默,其声如雷,被文殊师利赞叹为是真人不二法门。苏轼来观其像,只疑是维摩诘不语之时,杨惠之塑像的生动传神由此可见一斑。其弟苏辙见诗而和之云:"金粟如来瘦如腊,坐上文殊秋月圆。法门论极两相可,言语不复相通传。至人养心遗四体,瘦不为病肥非妍。谁人好道塑遗像,鲐皮束骨筋扶咽。兀然隐几心已灭,形如病鹤竦两肩。骨节支离体疏缓,两目视物犹炯然。长嗟灵运不知道,强剪美须插两颧。彼人视身若枯木,割去右臂非所患。何况塑画已身外,岂必夺尔庸自全!真人遗意世莫识,时有游僧施钵钱。"② 通过对比,以文殊

---

① (宋)苏轼:《维摩像,唐杨惠之塑,在天柱寺》,《苏轼诗集》第一册,北京:中华书局,1982年,第110—111页。
② (宋)苏辙:《杨惠之塑维摩像(在天柱寺)》,《苏辙集》第一册,北京:中华书局,1990年,第25页。

之丰满，突显出维摩之精瘦，并通过外在形貌的疏缓彰显出其内在精神的超然和潇洒，使人对之生起无限的崇敬之意。苏轼、苏辙兄弟二人俱以诗文有名于当时，垂声于后世，他们对杨惠之塑维摩诘像的推崇，自然可以对中国的人物雕塑艺术发生重要的引领和指导作用，乃至使本来已经久负盛名的杨惠之继续在中国雕塑界发挥着深远的榜样作用。

中土士大夫喜欢《维摩诘经》，也体现在他们的诗词创作之中。除了上引苏轼、苏辙两兄弟歌颂杨惠之塑像的古诗之外，这里再略举数例，以概其诸。如唐白居易有一首《内道场永谨上人就郡见访善说〈维摩经〉临别请诗因以此赠》，其诗云："五夏登坛内殿师，水为心地玉为仪。正传金粟如来偈，何用钱塘太守诗。苦海出来应有路，灵山别后可无期。他生莫忘今朝会，虚白亭中法乐时。"我们由此可以看出，白居易对精通《维摩诘经》的内道场僧永谨上人很是推崇，并对这次分离充满了依依惜别之情。宋王安石也是诗文大家，他有一首《读〈维摩经〉有感》，其诗云："身如泡沫亦如风，刀割香涂共一空。宴坐世间观此理，维摩虽病有神通。"王安石因变法之故，赞之者谓其为"孟轲复生"，非之者说是"亡宋之元恶"，王安石从《维摩诘经》等佛教经典中获得了精神力量，他不仅看到了自身存在的非真实性和虚幻性，而且将世间毁誉看得极为疏淡，并从维摩诘的示疾说法中体会到了他利乐人民的伟大品格。南宋辛弃疾为苏轼之后的豪放词家，他有一首《祝英台近·水纵横》，其序云："与客饮瓢泉，客以泉声喧静为问。余醉，未及答。或以'蝉噪林逾静'代对，意甚美矣。翌日，为赋此词以褒之也。"其词曰："水纵横，山远近，拄杖占千顷。老眼羞明，水底看山影。度教水动山摇，吾生堪笑，似此个、青山无定。　　一瓢饮，人问翁爱飞泉，来寻个中静。绕屋声喧，怎做静中镜？我眠君且归休，维摩方丈，待天女、散花时问。"世俗以为山静水动，辛弃疾既然是厌喧喜静，就应当远离飞泉。但在辛弃疾看来，山映水中，与水俱动，因此喧静不在于山水，而在于心境，因此应像《维摩诘经》所说的那样，唯其心净，故国土净。辛弃疾言下之意谓，只要内心保持平静，则山水无不平静，这也算是对《维摩诘经》的活学活用了。南宋末年的刘克庄是辛弃疾的追随者，他有一首《杂咏一百首·维摩》的小诗云："面色削瓜黄，眉毫覆雪长。安知四天下，只在一禅床。"实是作者虽卧病在床，但却心怀天下的真实写照。这类的诗词非常多，限于篇幅，此处不再列举。

　　《维摩诘经》对我们的日常语言也发生了非常显著的影响。如我们将佛教寺院和道教宫观的住持称为"方丈"，将厨房称为"香积"，请别人帮忙说是行个"方便"，谓某处为"佛国净土"，将那些至为重要的方法和路径称为"不二法门"，谓那些非常奇妙的事情为"不可思议"，说人们对自己的处境毫无觉察为"不知不觉"，说那些能说会道的人为"辩才无碍"，以"如庆喜见阿閦佛国，一见更不再见"说某些时机非常珍贵，如此之类，莫不与《维摩诘经》有些关联。由此我们愈加可以体会到《维摩诘经》影响的深入和广泛。按照中央民族大学刘成有教授的观点，中土的人们在诸多的佛教经典之中，偏偏最为喜欢《维摩诘经》，这是对佛教经典的有选择性接受，是佛教中国化的具体形式之一，而《维摩诘经》对中国文化的多方面影响，则是其丰富和发展中国文化、对中国文化做出重大贡献的表现。

目　录

维摩诘所说经卷上

佛国品第一 2
方便品第二 19
弟子品第三 27
菩萨品第四 50

维摩诘所说经卷中

文殊师利问疾品第五 66
不思议品第六 81
观众生品第七 91
佛道品第八 107
入不二法门品第九 120

维摩诘所说经卷下

香积佛品第十 130
菩萨行品第十一 142

见阿閦佛品第十二 —————————————————— 154
法供养品第十三 —————————————————— 163
嘱累品第十四 ———————————————————— 171

附　录 ———————————————————————— 176
月霞大师对《维摩诘经》的华严学解读 ———————— 176

主要参考文献 ———————————————————— 192

后　记 ———————————————————————— 193

维摩诘所说经卷上

佛国品第一

如是我闻①。一时佛在毗耶离②庵罗树园③,与大比丘④众八千人俱。菩萨⑤三万二千,众所知识,大智本行,皆悉成就。诸佛威神之所建立,为护法城,受持正法。能师子吼,名闻十方。众人不请,友而安之⑥。绍隆三宝,能使不绝。降伏魔怨,制诸外道,悉已清净,永离盖缠⑦。心常安住,无碍解脱。念、定、总持,辩才不断。布施、持戒、忍辱、精进、禅定、智慧,及方便力,无不具足。逮无所得,不起法忍。已能随顺,转不退轮。善解法相,知众生根。盖诸大众,得无所畏、功德智慧,以修其心。相好严身,色像第一,舍诸世间所有饰好。名称高远,逾于须弥。深信坚固,犹若金刚。法宝普照,而雨甘露。于众言音,微妙第一。深入缘起,断诸邪见,有无二边,无复余习。演法无畏,犹师子吼,其所讲说,乃如雷震。无有量,已过量。集众法宝,如海导师。了达诸法深妙之义,善知众生往来所趣,及心所行,近无等等佛自在慧、十力、无畏、十八不共。关闭一切诸恶趣门,而生五道以现其身。为大医王,善疗众病,应病与药,令得服行。无量功德皆成就,无量佛土皆严净。其见闻者,无不蒙益。诸有所作,亦不唐捐。如是一切功德,皆悉具足。其名曰:等观菩萨、不等观菩萨、等不等观菩萨、定自在王菩萨、法自在王菩萨、法相菩萨、光相菩萨、光严菩萨、大严菩萨、宝积菩萨、辩积菩萨、宝手菩萨、宝印手菩萨、常举手菩萨、常下手菩萨、常惨菩萨、喜根菩萨、喜王菩萨、辩音菩萨、虚空藏菩萨、执宝炬菩萨、宝勇菩萨、宝见菩萨、帝网菩萨、明网菩萨、无缘观菩萨、慧积菩萨、宝胜菩萨、天王菩萨、坏魔菩萨、电德菩萨、自在王菩萨、功德相严菩萨、师子吼菩萨、雷音菩萨、山相击音菩萨、香象菩萨、白香象菩萨、常精进菩萨、不休息菩萨、妙生菩萨、华严菩萨、观世音菩萨、得大势菩萨、梵网菩萨、宝杖菩萨、无胜菩萨、严土菩萨、金髻菩萨、珠髻菩萨、弥勒菩萨、文殊师利法王子菩萨，如是等三万二千人。复有万梵天王尸弃⑧等，从余四天下，来诣佛所而为听法；复有万二千天帝，亦从余四天下，来在会坐；并余大威力诸天、龙神、夜叉、乾闼婆、阿修罗、迦楼罗、紧那罗、摩睺罗伽等，悉来会坐；诸比丘、比丘尼、优婆塞、优婆夷，俱来会坐。

[注释]

① 如是我闻：据《大智度论》卷二记载，佛欲涅槃，阿难内心非常忧伤。长老阿泥卢豆对他说："汝守佛法藏人，不应如凡人自没忧海！一切有为法，是无常相，汝莫愁忧。又佛手付汝法，汝今愁闷，失所受事，汝当问佛：'佛般涅槃后，我曹云何行道？谁当作师？恶口车匿，云何共住？佛经初作何等语？'如是种种未来事，应问佛。"阿难于是向佛请教。佛告诉阿难，佛涅槃后，当自依止、法依止、不余依止，解脱戒经即是大师，恶口车匿如梵法治，经初应称"如是我闻"等语，表明阿难等佛弟子所闻佛法真实无妄，并可久住世间之意。

② 毗耶离：又作鞞舍离、维耶、维耶离、鞞舍隶夜，玄奘译为吠舍厘。国名，译曰广严，在中印度，即维摩大士所住之国。也是佛灭一百年后，七百贤圣第二次结集佛法之处。

③庵罗树园：庵罗，汉语意译为柰，是苹果的一种，因此庵罗树园即柰园。园中庵罗树开花，生下一女。毗耶离人非常惊奇，遂以庵罗树园与此女子。此女善根深厚，见佛欢喜，以园奉佛，佛即受之，在园中建立精舍，作为讲经说法之所，《维摩诘经》即说于此园。

④比丘：又名苾刍、煏刍，是对受过具足戒的佛教出家人的通称，男称比丘，女称比丘尼。比丘含义很多，《大智度论》卷三列其五义，谓乞士、破烦恼、出家人、净持戒、怖魔。以其上从如来乞法以资法身，下就俗人乞食以资色身，故名乞士；出家修道，可破贪、嗔、痴诸烦恼，故名破烦恼；以其舍弃世俗生活，出父母妻子之家，净修梵行，故名出家人；以其身心清净，受持具足戒等，故名净持戒；以其净修梵行，可使魔众减损，魔王惊怖，故名怖魔。

⑤菩萨：是梵文"菩提萨埵"的简称，意译为道心众生、觉有情等，以其曾发普度众生之心而勇猛修学佛法，故谓之为道心众生、大觉有情、觉有情等。另外还有开士、始士、高士、大士等多重义项。菩萨为以佛法开导众生之士，故称开士；菩萨为开始觉悟之士，故称始士；菩萨为高明之士，故称高士；菩萨为实践大乘佛法之士，故而又称为大士。

⑥众人不请，友而安之：即不请之友的意思，谓众生虽然不作请求，但是诸大菩萨以慈悲为怀，主动视众生为朋友，使其获得利益，得到安乐。

⑦盖缠：盖即盖覆之义，谓贪欲、嗔恚、睡眠、掉悔、疑等五法盖覆人的心性，使善法不得生起，故名五盖；缠即系缚之义，谓无惭、无愧、嫉、悭、恶作、睡眠、掉举、昏沉、忿、覆等十种虚妄之惑，系缚众生，不使出离烦恼，获证涅槃，故名十缠。五盖十缠，合称盖缠，即烦恼之总名。

⑧尸弃：即色界初禅天之天主，意译为顶髻、火，他原来修行火光定，得以破除欲界惑，故而称之为尸弃王。

古德讲经，谓这一段有六种成就："如是"是信成就，"我闻"是闻成就，"一时"是时成就，"佛在"是主成就，"毗耶离庵罗树园"是处成就，"与大比丘众八千人俱。菩萨三万二千"是众成就。

[译文]

　　我阿难曾经听佛这样说。那时候佛在毗耶离城的庵罗树园之中，与大比丘众八千人住在一起。还有三万二千名菩萨，都是大众所知晓和认识的，已经成就了广大智慧和根本修行。在诸佛神通和威力的加持下，成为护持佛法的干城，受持正法。他们的讲说如同威猛的狮子发出咆哮一般，使十方世界普遍听闻。即便众生不曾发出请求，他们也会以友善的态度使众生得到安抚。他们努力将佛法僧三宝发扬光大，使佛教的正法不至于断绝。他们降伏了各种阻碍佛法的魔障和怨恨，制服了外道宣传的歪理邪说，获得了彻底的清净，永远脱离了五盖十缠等烦恼之法。他们的内心总是那么安定宁静，时常安住于自在无碍的解脱境界之中。他们对佛法的忆念和各种禅定的修习，都能总持不失，在辩论中可以做到滔滔不绝。他们在布施、持戒、忍辱、精进、禅定、智慧六度方面，以及方便教化的能力方面，都已经具备和充足。他们已经达到心无所住的境地，形成不生心动念的无生法忍。可以随顺各种因缘讲经说法而不生退转。他们善于了解各种事物的相状，知晓不同众生的根机。在智慧和能力上超出了广大众生的水平，获得了无所畏惧的勇毅和能力、功德和智慧，修持自己的内心。他们以庄严的法相装饰自身，形体美好，堪称第一，他们舍弃了世间那些首饰玩好。名声远扬，甚至高出须弥山。他们内心对佛法的信仰极为深刻和坚固，如同金刚一样。他们使佛教法宝的光芒普照世界，像甘霖一样普遍滋润天下。他们对世界各地方言的精通，对各种声音的运用，都达到了非常微妙、堪称最高水平的程度。他们深入观察和思维诸法的缘起，断除了各种邪见，彻底摒弃了执着有、无两种边见的习气。他们演说佛法，无所畏惧，如同狮子吼叫一样，他们的讲说，如同雷霆震动一般。他们的造诣不可估量，已经超越了各种限制。他们聚集各种法宝，如同航海家聚集各种海中宝藏一样。他们了解和通达各种佛法的深刻微妙的含义，非常熟悉众生的往来追求和心理思考，已经接近无与伦比的佛，获得了智慧自在、十力、四无畏和十八不共法等。关闭了通向恶趣的轮回之门，但又出生于五道之中显现自身。他们作为伟大的医生，善于疗治一切众生的病患，根据病情不同给予不同的药品，使其服下。这些菩萨已经成就无量无边的功德，已经庄严清净了无量无边的佛土。见到或听说这些菩萨的人们无不获得利益。他们所做的一切也都不会浪费。如上所说诸种功德都已具足。这些菩萨的名字为：等观菩萨、不等观菩萨、等不等观菩萨、定自在王菩萨、法自在王菩萨、法相菩萨、光相菩萨、光严菩萨、大严菩萨、宝积菩萨、辩积菩萨、宝手菩萨、宝印手菩萨、常举手菩萨、常下手菩萨、常惨菩萨、喜根菩萨、喜王菩萨、辩音菩萨、虚空藏菩萨、执宝炬菩萨、宝勇菩萨、宝见菩萨、帝网菩萨、明网菩萨、无缘观菩萨、慧积菩萨、宝胜菩萨、天王菩萨、坏魔菩萨、电德菩萨、自在王菩萨、功德相严菩萨、师子吼菩萨、雷音菩萨、山相击音菩萨、香象菩萨、白香象菩萨、常精进菩萨、不休息菩萨、妙生菩萨、华严菩萨、观世音菩萨、得大势菩萨、梵网菩萨、宝杖菩萨、无胜菩萨、严土菩萨、金髻菩萨、珠髻菩萨、弥勒菩萨、文殊师利法王子菩萨，这样的菩萨共有三万二千人。此外还有一万梵天王尸弃，他们从四天下不同的地方来到佛的住所听闻佛法；还有一万二千天帝，也从四天下的各个地方来到聚会坐下；还有威力巨大的诸天、龙神、夜叉、乾闼婆、阿修罗、迦楼罗、紧那罗、摩睺罗伽等八部之众，也都赶来聚集坐下；更有诸比丘、比丘尼、优婆塞、优婆夷也都聚集在佛的座下。

彼时，佛与无量百千之众，恭敬围绕，而为说法，譬如须弥山王显于大海，安处众宝师子之座①，蔽于一切诸来大众。

尔时，毗耶离城有长者子，名曰宝积，与五百长者子，俱持七宝盖，来诣佛所，头面礼足，各以其盖共供养佛。佛之威神，令诸宝盖合成一盖，遍覆三千大千世界，而此世界广长之相，悉于中现；又此三千大千世界诸须弥山、雪山、目真邻陀山、摩诃目真邻陀山、香山、宝山、金山、黑山、铁围山、大铁围山、大海江河、川流泉源，及日月星辰、天宫、龙宫、诸尊神宫，悉现于宝盖中。又十方诸佛，诸佛说法，亦现于宝盖中。

尔时，一切大众睹佛神力，叹未曾有！合掌礼佛，瞻仰尊颜，目不暂舍。于是长者子宝积即于佛前，以偈颂曰：

目净修广如青莲，心净已度诸禅定。
久积净业称无量，导众以寂故稽首。
既见大圣以神变，普现十方无量土。
其中诸佛演说法，于是一切悉见闻。
法王法力超群生，常以法财施一切。
能善分别诸法相，于第一义而不动。
已于诸法得自在，是故稽首此法王。
说法不有亦不无，以因缘故诸法生。
无我无造无受者，善恶之业亦不亡。
始在佛树力降魔，得甘露灭觉道成。
已无心意无受行，而悉摧伏诸外道。
三转法轮于大千，其轮本来常清净。
天人得道此为证，三宝于是现世间。
以斯妙法济群生，一受不退常寂然。

度老病死大医王，当礼法海德无边。
毁誉不动如须弥，于善不善等以慈。
心行平等如虚空，孰闻人宝不敬承。
今奉世尊此微盖，于中现我三千界。
诸天龙神所居宫，乾闼婆等及夜叉。
悉见世间诸所有，十力哀现是化变。
众睹希有皆叹佛，今我稽首三界尊。
大圣法王众所归，净心观佛靡不欣。
各见世尊在其前，斯则神力不共法。
佛以一音演说法，众生随类各得解。
皆谓世尊同其语，斯则神力不共法。
佛以一音演说法，众生各各随所解。
普得受行获其利，斯则神力不共法。
佛以一音演说法，或有恐畏或欢喜。
或生厌离或断疑，斯则神力不共法。
稽首十力大精进，稽首已得无所畏。
稽首住于不共法，稽首一切大导师。
稽首能断众结缚，稽首已到于彼岸。
稽首能度诸世间，稽首永离生死道。
悉知众生来去相，善于诸法得解脱。
不着世间如莲华，常善入于空寂行。
达诸法相无罣碍，稽首如空无所依。

尔时，长者子宝积说此偈已，白佛言："世尊！是五百长者子，皆已发阿耨多罗三藐三菩提心②，愿闻得佛国土清净，唯愿世尊说诸菩萨净土之行！"

[注释]

① 师子之座：即狮子座，《大智度论》卷七谓"佛为人中师子，佛所坐处，若床若地，皆名'师子座'"。

② 发阿耨多罗三藐三菩提心：简称发菩提心。按照鸠摩罗什翻译，即发心追求佛所具有的无上正遍知之智慧；按照玄奘的翻译，即发心追求无上正等正觉。

这一部分讲长者子宝积领众礼佛，以偈赞颂佛之智慧功德广大无边，请佛讲说如何获得清净佛国的修行法门。

[译文]

那时候，佛正为那些恭敬围绕在他周围的无量百千众生说法，犹如须弥山突出显于大海之中一样，他端坐众多宝物装饰的狮子座上，将所有赶来听法的众生都笼罩在自己的光辉之下。

那时候，毗耶离城中一长者的儿子，名叫宝积，与五百名城中长者们的儿子一起，携带着七宝伞盖，来到佛的住处，以自己的头面顶礼在佛的足下，各自呈上他们带来的伞盖，作为共同献给佛的供养。佛运用其威猛神通之力，将这些七宝伞盖合成一顶伞盖，将三千大千世界覆盖其下，而三千大千世界的广大、长远之相都在这顶伞盖的笼罩中展现出来；三千大千世界所有的须弥山、雪山、目真邻陀山、摩诃目真邻陀山、香山、宝山、金山、黑山、铁围山、大铁围山、大海江河、川流泉源，以及日月、星辰、天宫、龙宫等尊贵之神的宫殿，也都展现在宝盖的笼罩之中。还有十方的诸佛，以及诸佛所讲的佛法，也都展现在宝盖之中。

那时候，一切到会的大众亲眼看见了佛的神通之力，都纷纷赞叹这是从来没有见过的稀奇之事！他们双手合十，礼敬佛祖，瞻仰佛颜，目光不能稍离片刻。于是长者子宝积就在佛的跟前，运用诗偈对佛大加赞美地说：

目净修广如青莲，心净已度诸禅定。
久积净业称无量，导众以寂故稽首。
既见大圣以神变，普现十方无量土。
其中诸佛演说法，于是一切悉见闻。
法王法力超群生，常以法财施一切。
能善分别诸法相，于第一义而不动。
已于诸法得自在，是故稽首此法王。
说法不有亦不无，以因缘故诸法生。
无我无造无受者，善恶之业亦不亡。
始在佛树力降魔，得甘露灭觉道成。
已无心意无受行，而悉摧伏诸外道。
三转法轮于大千，其轮本来常清净。
天人得道此为证，三宝于是现世间。
以斯妙法济群生，一受不退常寂然。
度老病死大医王，当礼法海德无边。
毁誉不动如须弥，于善不善等以慈。
心行平等如虚空，孰闻人宝不敬承。
今奉世尊此微盖，于中现我三千界。
诸天龙神所居宫，乾闼婆等及夜叉。
悉见世间诸所有，十力哀现是化变。
众睹希有皆叹佛，今我稽首三界尊。
大圣法王众所归，净心观佛靡不欣。
各见世尊在其前，斯则神力不共法。
佛以一音演说法，众生随类各得解。
皆谓世尊同其语，斯则神力不共法。
佛以一音演说法，众生各各随所解。

> 普得受行获其利，斯则神力不共法。
> 佛以一音演说法，或有恐畏或欢喜。
> 或生厌离或断疑，斯则神力不共法。
> 稽首十力大精进，稽首已得无所畏。
> 稽首住于不共法，稽首一切大导师。
> 稽首能断众结缚，稽首已到于彼岸。
> 稽首能度诸世间，稽首永离生死道。
> 悉知众生来去相，善于诸法得解脱。
> 不着世间如莲华，常善入于空寂行。
> 达诸法相无罣碍，稽首如空无所依。

那时候，长者子宝积说完这一大段偈颂，便对佛说："世尊！这五百名长者子都已经发心要成就无上正等正觉，很想听您讲说得到佛国世界的清净，因此希望世尊宣说诸大菩萨获得净土的修行法门！"

佛言："善哉，宝积，乃能为诸菩萨问于如来净土之行！谛听，谛听！善思念之，当为汝说！"于是宝积及五百长者子受教而听。

佛言："宝积！众生之类是菩萨佛土。所以者何？菩萨随所化众生而取佛土，随所调伏众生而取佛土，随诸众生应以何国入佛智慧而取佛土，随诸众生应以何国起菩萨根而取佛土。所以者何？菩萨取于净国，皆为饶益诸众生故。譬如有人，欲于空地，造立宫室，随意无碍；若于虚空，终不能成！菩萨如是，为成就众生故，愿取佛国。愿取佛国者，非于空也。

"宝积当知！直心是菩萨净土，菩萨成佛时，不谄众生来生其国。深心是菩萨净土，菩萨成佛时，具足功德众生来生其国。菩提心是菩萨净土，菩萨成佛时，大乘众生来生其国。布施是菩萨净土，菩萨成佛时，一切能舍众生来生其国。持戒是菩萨净土，菩萨成佛时，行十善道①满愿众生来生其国。忍辱是菩萨净土，菩萨成佛时，三十二相庄严众生来生其国。精进是菩萨净土，菩萨成佛时，勤修一切功德众生来生其国。禅定是菩萨净土，菩萨成佛时，摄心不乱众生来生其国。智慧是菩萨净土，菩萨成佛时，正定众生来生其国。四无量心②是菩萨净土，菩萨成佛时，成就慈悲喜舍众生来生其国。四摄法③是菩萨净土，菩萨成佛时，解脱所摄众生来生其国。方便是菩萨净土，菩萨成佛时，于一切法方便无碍众生来生其国。三十七道品④是菩萨净土，菩萨成佛时，念处、正勤、神足、根、力、觉、道众生来生其国。回向心是菩萨净土，菩萨成佛时，得一切具足功德国土。说除八难是菩萨净土，菩萨成佛时，国土无有三恶八难⑤。自守戒行、不讥彼缺是菩萨净土，菩萨成佛时，国土无有犯禁之名。十善是菩萨净土，菩萨成佛时，命不中夭，大富梵行，所言诚谛，常以软语，眷属不离，善和诤讼，言必饶益，不嫉不恚，正见众生来生其国。

"如是，宝积！菩萨随其直心，则能发行；随其发行，则得深心；随其深心，则意调伏；随意调伏，则如说行；随如说行，则能回向；随其回向，则有方便；随其方便，则成就众生；随成就众生，则佛土净；随佛土净，则说法净；随说法净，则智慧净；随智慧净，则其心净；随其心净，则一切功德净。是故宝积，若菩萨欲得净土，当净其心；随其心净，则佛土净！"

[注释]

① 十善道：上文说持戒是菩萨净土，因此可以判定这里所说的十善道是指修行十善戒的方式、方法，即一不杀生、二不偷盗、三不淫、四不妄语、五不饮酒、六不着华鬘好香涂身、七不歌舞倡伎亦不往观听、八不得坐高广

大床上、九不得非时食、十不得捉钱金银宝物。

② 四无量心：即慈无量心、悲无量心、喜无量心、舍无量心。此四心普缘无量众生，引生无量之福，故名无量心。其中慈无量心指与一切众生乐，悲无量心指拔一切众生苦，喜无量心指见人行善或离苦得乐而深生欢喜，舍无量心指对于如上三心舍之而不执着，或怨亲平等不起爱憎。此四心对一切众生不加分别，平等给与利益，故又名四等心；若依禅定而修，则生色界梵天，故又名四梵行。

③ 四摄法：指布施、爱语、利行、同事四种修行，可以吸引众生对佛法产生亲近和喜爱之意，愿意接受佛法，从而为佛法所摄受。布施摄指将财富施与那些喜欢财富的众生，或者将佛法施与那些喜欢佛法的众生；爱语摄指依据众生的根性情况，运用善良的话语对其加以安慰和引导；利行摄指通过身、口、意三业的善行使众生获得真实的利益；同事摄指根据众生的根性，在共同做事中使其得到切实的好处。显然，所谓四摄法，就是早期佛教对如何在社会大众中形成有效而广泛的传播所做的经验总结。

④ 三十七道品：又名三十七品、三十七分法、三十七菩提分法等，指通往涅槃境界的三十七种方法，包括四念处（观身不净、观受是苦、观心无常、观法无我）、四正勤（已生恶令断、未生恶令不生、未生善令生、已生善令增长）、四如意足（欲如意足、念如意足、精进如意足、慧如意足）、五根（信根、进根、念根、定根、慧根）、五力（信力、精进力、念力、定力、慧力）、七觉支（又称七觉分，即择觉分、精进觉分、喜觉分、除觉分、舍觉分、定觉分、念觉分）、八正道（正见、正思惟、正语、正业、正命、正精进、正念、正定），是大乘佛教兴起之前对全部佛教修行方式的总结和概括。

⑤ 三恶八难：人若行杀生、偷盗、邪淫、妄语、两舌、恶口、绮语、贪、嗔、痴等十种恶，便会堕落地狱道、饿鬼道、畜生道三种恶道之中；地狱、饿鬼、畜生、北俱卢洲、无想天、盲聋喑哑、佛出生前及佛法灭后、世智辩聪等八种众生，很难修学佛法，故谓之八难。

这一部分是佛为宝积等讲说菩萨如何修行可以获得佛国净土。

[译文]

佛说："善哉，宝积，你能为诸菩萨询问如来修习净土的方式方法！你好好听着，好好听着！同时也认真思考一下，我马上就为你们讲一讲这个问题！"于是宝积及五百名长者子按照佛的吩咐，认真聆听佛的教诲。

佛说："宝积！不同种类的众生就是菩萨所依的佛国净土。为什么这样说呢？菩萨依据其所教导培养的众生形成自己的佛国净土，依据其所调教折伏的众生形成自己的佛国净土，依据不同众生适于何种佛国净土中进入佛之智慧而形成自己的佛国净土，依据众生适于何种佛国净土产生菩萨根性而形成自己的佛国净土。为什么要这样呢？这是因为菩萨形成自己清净国土的目的，就是为了使广大众生得到充分的利益。譬如有人，想在空旷的地方建造宫殿房屋，当然可以随意进行，无有妨碍；如果想在虚空中大兴土木的话，终究是不能获得成功的！菩萨也是这样，为了成就众生而发下心愿，要成就自己的佛国净土。这种发愿成就的佛国净土，却是不能建立在虚空之中的。

"宝积，你应当知道！正直之心是菩萨的净土，菩萨成佛的时候，正直无谄的众生来生其国。信仰深厚坚定之心是菩萨的净土，菩萨成佛的时候，圆满具足各种功德的众生来生其国。菩提心是菩萨的净土，菩萨成佛的时候，信仰和实践大乘佛教的众生来生其国。布施是菩萨的净土，菩萨成佛的时候，能够舍离一切的众生来生其国。持戒是菩萨的净土，菩萨成佛的时候，修行十善道戒法圆足清净的众生来生其国。忍辱是菩萨的净土，菩萨成佛的时候，具三十二种瑞相庄严其身的众生来生其国。精进是菩萨的净土，菩萨成佛的时候，勤恳修习一切功德的众生来生其国。禅定是菩萨的净土，菩萨成佛的时候，摄持自心使不散乱的众生来生其国。智慧是菩萨的净土，菩萨成佛的时候，身心寂静的众生来生其国。四无量心是菩萨的净土，菩萨成佛的时候，成就慈爱心、悲悯心、喜悦心和平等心的众生来生其国。四摄法是菩萨的净土，菩萨成佛的时候，获得解脱并为其摄受的众生来生其国。方便是菩萨的净土，菩萨成佛的时候，在一切法都能广行方便、无所阻碍的众生来生其国。三十七种道品是菩萨的净土，菩萨成佛的时候，修习四念处、四正勤、四如意足、五根、五力和七觉分、八正道的众生来生其国。回向心是菩萨的净土，菩萨成佛的时候，获得的是具有一切功德的国土。宣说消除八难之法是菩萨的净土，菩萨成佛的时候，其国土之中没有三种恶道，没有八种无缘见佛的难处。自己持守戒行、不议论别人的缺点是菩萨的净土，菩萨成佛的时候，其国土之中没有违犯禁戒的名声。十善道是菩萨的净土，菩萨成佛的时候，寿命长久、不会夭折，非常富有、行为清净，说话诚信真实、温柔和蔼，亲友和睦不离并且善于调和各种诤论和争吵，以及那些凡有所说必能带来给人利益的众生，不嫉妒、不要嗔恨，正确见地的众生来生其国。

"如上所说，宝积！菩萨随顺其正直之心，则能发愿修行；随顺其发愿修行，则可以获得深厚的道心；随顺其深厚的道心，则能调伏其意念；随意念的调伏，则能按照佛的说法展开修行；随着按照佛的说法开展修行，则能将所得的功德回向；随功德的回向，则具足各种善巧方便；随各种善巧方便的具足，则能成就众生；随众生的成就，则其佛土清净；随佛土的清净，则其说法清净；随说法的清净，则其智慧清净；随智慧的清净，则其内心清净；随内心的清净，则一切功德无不清净。因此说，宝积，如果菩萨要想获得佛国净土，应当清净其心；随内心的清净，则其所获得的佛土清净！"

尔时，舍利弗[①]承佛威神作是念："若菩萨心净则佛土净者，我世尊本为菩萨时，意岂不净，而是佛土不净若此？"

佛知其念，即告之言："于意云何？日月岂不净耶？而盲者不见。"

对曰："不也，世尊，是盲者过，非日月咎。"

"舍利弗，众生罪故，不见如来国土严净，非如来咎。舍利弗，我此土净，而汝不见。"

尔时，螺髻梵王②语舍利弗："勿作是念，谓此佛土以为不净。所以者何？我见释迦牟尼佛土清净，譬如自在天宫。"

舍利弗言："我见此土丘陵坑坎、荆棘沙砾、土石诸山、秽恶充满。"

螺髻梵王言："仁者心有高下，不依佛慧，故见此土为不净耳。舍利弗，菩萨于一切众生，悉皆平等，深心清净，依佛智慧，则能见此佛土清净。"

于是佛以足指按地，即时三千大千世界，若干百千珍宝严饰，譬如宝庄严佛，无量功德宝庄严土，一切大众叹未曾有！而皆自见坐宝莲华。佛告舍利弗："汝且观是佛土严净！"

舍利弗言："唯然，世尊，本所不见，本所不闻，今佛国土严净悉现。"

佛告舍利弗："我佛国土常净若此，为欲度斯下劣人故，示是众恶不净土耳。譬如诸天共宝器食，随其福德，饭色有异。如是，舍利弗！若人心净，便见此土功德庄严。"

当佛现此国土严净之时，宝积所将五百长者子皆得无生法忍③，八万四千人皆发阿耨多罗三藐三菩提心。佛摄神足，于是世界还复如故。求声闻乘三万二千诸天及人，知有为法皆悉无常，远尘离垢，得法眼净④。八千比丘，不受诸法，漏尽意解。

[注释]

① 舍利弗:"舍利"意译为鹙鹭,"弗"意译为子。因其母眼似鹙鹭,故号为舍利弗、舍利子、鹙子等;又因其母身相端严美好,人称为"身",身所生子,故而亦称其为"身子"。他始从外道六师中的删阇耶毗罗胝子学道,后来受到佛最初所度五比丘之中的马胜比丘启发,皈依于佛,因其善解法相,故以"智慧第一"著称。

② 螺髻梵王:梵天王顶髻作螺形,故而称为螺髻天王。

③ 无生法忍:真如实相理体不生不灭,是为无生法;修行者将自己的真智安住在真如实相理体之上,从此不再退堕,就是无生法忍,有时也简称为无生忍。

④ 法眼净:分明证悟和体会诸法缘起性空的真谛。

这一部分重点叙述佛显示神通破除舍利弗对释迦牟尼佛国不净的怀疑。

[译文]

这时候,在听众中听佛说法的舍利弗得到佛神通威力的加被,心中暗想:"如果说菩萨内心清净,所成就的佛国就会清净的话,我们世尊当初还是菩萨的时候,其心意难道有什么不清净的地方,以至于其所成就的释迦国土是如此的不够净洁?"

佛知道舍利弗意之所念,于是就告诉他说:"为什么会这样呢?天上的日月难道不清净明洁吗?但是盲眼之人看不到。"

舍利弗回答道:"是的,世尊,这是盲眼之人自己的过错,并非日月的过错。"

"舍利弗,众生因为有罪孽,所以看不到如来佛国的庄严清净,这不是如来的过错。舍利弗,我这个国土实际上是很清净的,只是你看不见而已。"

这时候,螺髻梵王告诉舍利弗:"不要这样想,认为这个国土染秽不净。为什么呢?我看到释迦牟尼佛的国土非常清净,就像自在天的官殿一般。"

舍利弗说:"我看到的是,这个国土中到处都是丘陵、坑坎、荆棘、沙砾以及由土石堆积而成的各种山峦、污秽和丑恶充满其中。"

螺髻梵王说:"仁者心中有高下的分别,没有依据佛的智慧观察释迦佛的国土,所以才看到这个国土是不净染秽的。舍利弗,菩萨对于一切众生,都是平等看待的,只要内心深存清净,依据佛之智慧,便能够看到这个国土的清净。"

佛于此时用脚趾按了一下大地,三千大千世界立即就由若干百千的珍宝很郑重地装饰起来,就像宝庄严佛以无量功德珍宝装饰的佛国净土,一切大众都感叹称说这是从未曾有过的奇妙景象!所有的听众都发现自己就坐在宝贵的莲花座上。佛对舍利弗说:"你就看看我这佛土的庄严清净吧!"

舍利弗说:"确实如此,世尊,原本确实未曾见过,也没听说过,现在佛的国土庄严清净都展现出来了。"

佛告诉舍利弗:"我所成就的这个国土经常如此清净,为了度脱这些下劣的人们,示现为具有诸多恶秽和不清净的国土。如同诸天神仙们在同一个食器中取食用餐,但依据他们福德的差异,饭食的种类就会各各不同。所以说,舍利弗!如果人心清净,便可以看到这个国土被种种功德装饰严净起来的美好景象。"

当佛展现这个国土的庄严清净之时,宝积带来的那五百名长者子都获得了无生法忍,八万四千人都发起求得无上正等正觉的道心。佛收回他的神通之足,于是世界又恢复了原样。那些来求声闻乘教法的三万二千天及人,认识到有为之法都是无常的,故而远离红尘和污垢,得到了法眼净。八千名比丘,不再执着于诸法,彻底断尽烦恼,心意获得了解脱。

方便品第二

尔时，毗耶离大城中有长者，名维摩诘①，已曾供养无量诸佛，深植善本，得无生忍，辩才无碍，游戏神通，逮诸总持。获无所畏，降魔劳怨，入深法门，善于智度，通达方便，大愿成就。明了众生心之所趣，又能分别诸根利钝，久于佛道，心已纯淑，决定大乘。诸有所作，能善思量，住佛威仪，心大如海，诸佛咨嗟，弟子、释、梵、世主所敬。

欲度人故，以善方便②，居毗耶离。资财无量，摄诸贫民。奉戒清净，摄诸毁禁。以忍调行，摄诸恚怒。以大精进，摄诸懈怠。一心禅寂，摄诸乱意。以决定慧，摄诸无智。虽为白衣，奉持沙门清净律行。虽处居家，不著三界。示有妻子，常修梵行。现有眷属，常乐远离。虽服宝饰，而以相好严身。虽复饮食，而以禅悦为味。若至博弈戏处，辄以度人。受诸异道，不毁正信。虽明世典，常乐佛法。一切见敬，为供养中最。执持正法，摄诸长幼。一切治生谐偶，虽获俗利，不以喜悦。游诸四衢，饶益众生。入治正法，救护一切。入讲论处，导以大乘。入诸学堂，诱开童蒙。入诸淫舍，示欲之过。入诸酒肆，能立其志。

若在长者，长者中尊，为说胜法。若在居士，居士中尊，断其贪着。若在刹利③，刹利中尊，教以忍辱。若在婆罗门④，婆罗门中尊,除其我慢。若在大臣,大臣中尊,教以正法。若在王子,王子中尊,示以忠孝。若在内官,内官中尊,化正宫女。若在庶民,庶民中尊,令兴福力。若在梵天,梵天中尊,诲以胜慧。若在帝释,帝释中尊,示现无常。若在护世,护世中尊,护诸众生。

[注释]

① 维摩诘:音译全称应为维摩罗诘或毗摩罗诘,略称"维摩"或"维摩诘"。鸠摩罗什意译为净名,其中"净"取清净无垢之义,"名"乃声名远扬之义。玄奘意译为无垢称,意为清净无垢、名称普闻。维摩诘是佛在世时毗耶离城的居士,《维摩诘经》的主角,相传为金粟如来的化身,自妙喜国化生在此世上,以居士身份辅助释迦牟尼佛教化此土众生。

② 方便:方指方法,便指便宜,谓佛菩萨等为教化众生而采取的利益他人、化度众生的智慧和方式。

③ 刹利:又称刹帝利,为印度四种姓中的第二等,意译为田主,指国王和大臣。

④ 婆罗门:梵语"婆罗贺摩拿"的简称,为印度四种姓中的第一等级,自称为梵天苗裔,意译为外意、净行、净志、静志等,或在家,或出家,世世相承,是奉事大梵天王而修净行的种族。

这一部分讲维摩诘以种种方便善巧引导众生进入佛教,并以佛法教化他们。

[译文]

那时候,毗耶离城中有一位长者,名叫维摩诘,曾供养过无数的诸佛,培植了深厚的善根,已证得了无生法忍,拥有无碍辩才,具有神通,自在游化世间,对所有的佛法都能完全掌握,总持不忘。他已经达到无所畏惧的境界,可以降伏邪魔外道的侵扰,安慰人们心中的怨恨,进入各种高深的法门,善于运用各种智慧普度众生,精通和了解各种教化众生的方便、方式、方法,完成普度众生的大愿。他不仅了解一切众生的心理需求和归向,还能区分众生不同的根性及领悟佛法能力的聪利或迟钝，精勤于佛道已经很久，内心早就纯洁和善良，坚定不移地奉行大乘佛法。他无论做什么事情，都善于进行思维和考量，行为上保持着佛所教导的威仪，内心中如同大海一样深沉和广阔，受到诸佛如来的赞叹表扬，也受到佛弟子、帝释天、诸梵王以及世间君主的尊崇和敬仰。

因为想救度世人，维摩诘于是运用善巧方便之法，居住在毗耶离城。他拥有无量的财富和资产，给那些贫穷的人们提供资助。他遵守戒律，清净无犯，使那些毁禁破戒的人们心生钦佩。他以忍辱之法协调行为，使那些充满嗔恨和恚怒的人们变得宽容。他非常努力精进，使那些懒惰的人们耻于松懈和怠慢。他一心归寂，修持禅定，使那些心意散乱的人们安定下来。他运用佛教确定不移的智慧，为那些无明愚痴的世人提供指导。他虽然身为白衣居士，但却修行奉持出家沙门的清净戒律。他虽然处于居家生活之中，但对三界之内没有任何的执着。他虽然显示出有妻子有孩子的样子，但却经常修习清净的梵行。他虽然表现为有众多的眷属，但却更喜欢远离世俗。他服饰上虽然也有珠宝装饰，但显然更喜欢由于修善所获得的长相美好。他虽然也饮水吃饭，但更喜欢品味修习禅定所带来的喜悦。他如果进入赌博下棋游戏的地方，则立即开展化度世人的工作。他虽然可以容纳不同的宗教信仰，但不会损伤自己对佛教的正信。他虽然也研究世间经典学术，但他喜欢的还是佛法。他对一切事物都保持着一种尊敬之心，堪称是对众生实行的最高级别的供养。他坚持运用佛教的正法，去教化老老少少的人们。他用以谋生的各项买卖，一切都非常和合，虽然赚了不少世俗之利，但他从不认为这是什么可以高兴的事情。他在四通八达的街道上游玩，给众生带来诸多的好处。他参与政治、司法之类的事务，对一切的众生普遍地予以挽救和护持。进入讲论研讨不同见解的地方，他运用大乘佛法引导人们。进入学堂之中，他循循善诱，非常善于为学童们开化启蒙。进入妓院之中，他显示出欲望的过错。进入酒馆之中，他劝导那些酗酒的人们树立起人生精进的志向和目标。

维摩诘如果来到长者中，就会在长者中备受尊重，他为长者宣说殊胜的佛法。如果来到居士中，就会在居士中备受尊重，他帮助居士断除贪婪和执着。如果来到担任国王和大臣的刹帝利中，就会在刹帝利中备受尊重，他教导刹帝利忍受各种屈辱。如果来到净修梵行的婆罗门中，就会在婆罗门中备受尊重，他破除婆罗门自恃出身高贵、学问渊博而生起的骄横和傲慢之意。如果来到大臣中，就会在大臣中备受尊重，他向大臣传授纯正的佛法。如果来到王子之中，就会在王子中备受尊重，他教诲王子如何尽到忠于君主和孝顺父母的责任。如果来到王宫侍从中，就会在王宫侍从中备受尊重，他对宫女施以正确的教化和引导。如果来到广大平民中，就会在广大平民中备受尊重，他指导广大平民如何培植福德业力。如果来到梵天中，就会在梵天中备受尊重，他教给梵天非常殊胜的佛教智慧。如果来到帝释天中，就会在帝释天中备受尊重，他向帝释天展现出诸法的无常。如果来到佛教的护法四天王中，就会在四天王中备受尊重，他能护持一切众生。

长者维摩诘以如是等无量方便饶益众生，其以方便，现身有疾。以其疾故，国王大臣、长者居士、婆罗门等，及诸王子并余官属，无数千人，皆往问疾。其往者，维摩诘因以身疾，广为说法："诸仁者，是身无常、无强、无力、无坚，速朽之法，不可信也，为苦、为恼，众病所集。诸仁者，如此身，明智者所不怙。

是身如聚沫，不可撮摩。是身如泡，不得久立。是身如焰，从渴爱生。是身如芭蕉，中无有坚。是身如幻，从颠倒起。是身如梦，为虚妄见。是身如影，从业缘现。是身如响，属诸因缘。是身如浮云，须臾变灭。是身如电，念念不住。是身无主，为如地。是身无我，为如火。是身无寿，为如风。是身无人，为如水。是身不实，四大为家。是身为空，离我我所。是身无知，如草木瓦砾。是身无作，风力所转。是身不净，秽恶充满。是身为虚伪，虽假以澡浴衣食，必归磨灭。是身为灾，百一病恼。是身如丘井，为老所逼。是身无定，为要当死。是身如毒蛇、如怨贼、如空聚，阴界诸入所共合成。

[注释]

这一部分主要是维摩诘向前来探病的人们宣说不可执着肉体之身的道理。

[译文]

维摩诘长者运用如上所说无量的方便善巧之法，使众生获得利益，他又运用方便善巧之法，现身患上了疾病。由于他生病的缘故，国王、大臣、长者、居士、婆罗门等，还有诸多的王子殿下，以及他们统领的官员部属，成千上万的人们，纷纷前来探问病情。对于这些人们，维摩诘运用自己身体所患的疾病，向他们广宣正法："诸位仁者，这个身体是无常的、不够强大的、没有力气的、无法坚持的，是很快就要朽坏的，是不能信赖的，是痛苦和烦恼，以及各种疾病的聚合物。各位仁者，像这样的身体，明智的人们是不会依赖它的。这身体就像水中的泡沫，不可以捕捉和抚摸。这身体就像空中的气泡，不可能长久地存在下去。这身体就像蒸腾的热气，是从渴爱中生起的。这身体就像芭蕉，中间没有坚挺的事物。这身体就像幻师变出的幻化人，是从无明颠倒中产生的错觉。这身体就像梦境，是虚假不实的显现。这身体就像影像，是往昔所造之业的因缘显现。这身体就像声响，属于因缘和合的产物。这身体就像天上飘浮的云朵，转眼就会消失。这身体就像空中的闪电，没有片刻的停留。这身体没有任何的主宰，就像地大一样。这身体就像火大一样，没有任何的自性。这身体就像风大一样，不可能有多长时间的存在。这身体就像水大一样，并没有一个主体之物。这身体并非实际的存在者，只是寄寓于地火风水四大元素而已。这身体是空无自性的，既没有一个自我，也没有自我所属的事物。这身体没有知觉，就好像草木瓦石一般。这身体不会造作，只是在风力的带动下运转起来。这身体是不干净的，充满了各种污秽不堪的东西。这身体是虚假不实的，虽然运用了沐浴之法和衣食之养，但最终还是会消磨殆尽。这身体就是灾难，遭受着一百多种病痛的苦恼。这身体就像废墟枯井，遭受着衰老的逼迫。这身体没有任何确定性，终会归于死亡。这身体就像毒蛇，就像胸中充满仇怨的盗贼，就像荒芜的村落，由五蕴、十二处、十八界共同合成。

"诸仁者，此可患厌，当乐佛身。所以者何？佛身者即法身也，从无量功德智慧生，从戒、定、慧、解脱、解脱知见生，从慈、悲、喜、舍生，从布施、持戒、忍辱、柔和、勤行精进、禅定、解脱、三昧、多闻、智慧诸波罗蜜生，从方便生，从六通[①]生，从三明[②]生，从三十七道品生，从止观生，从十力、四无所畏[③]、十八不共法[④]生，从断一切不善法、集一切善法生，从真实生，从不放逸生。从如是无量清净法生如来身。诸仁者，欲得佛身、断一切众生病者，当发阿耨多罗三藐三菩提心。"

如是长者维摩诘为诸问疾者，如应说法，令无数千人皆发阿耨多罗三藐三菩提心。

[注释]

① 六通：声闻、缘觉、菩萨等三乘圣者所证得的神通共有六种，即天眼通、天耳通、他心通、宿命通、神足通、漏尽通，统称六神通或者六通。

② 三明：即宿命明、天眼明、漏尽明。宿命明指向过去，即明白自己或他人一切宿世之事；天眼明指向未来，即明白自己或他人一切未来世之事；漏尽明指向现在，即以圣智断尽一切烦恼。以上三者在阿罗汉谓之三明，在佛则谓为三达。

③ 四无所畏：据《大智度论》卷二十五所记，四无所畏指一切智无所畏、漏尽无所畏、说障道无所畏、说尽苦道无所畏。佛于大众中明言我为一切智人而无畏心，是为一切智无所畏；佛于大众中明言我断尽一切烦恼而无畏心，是为漏尽无所畏；佛于大众中说惑业等诸障法而无畏心，是为说障道无所畏；佛于大众中说戒定慧等诸尽苦之正道而无畏心，是为说尽苦道无所畏。此四种无所畏，唯佛具足，正是佛超出九法界众生的殊胜之法。

④ 十八不共法：据《三藏法数》，十八不共法是指：一、身无失，二、口无失，三、念无失，四、无异想，五、无不定心，六、无不知已舍，七、欲无减，八、精进无减，九、念无减，十、慧无减，十一、解脱无减，十二、解脱知见无减，十三、一切身业随智慧行，十四、一切口业随智慧行，十五、一切意业随智慧行，十六、智慧知过去世无碍，十七、智慧知未来世无碍，十八、智慧知现在世无碍。是佛独有的殊胜之法。

这一部分是维摩诘继上一段破除众生对肉体之身的执着之后，引导众生发起对法身的向往和歆慕。

[译文]

"诸位仁者，这身体可以引起我们的忧患故而必须厌弃，我们应当以佛法身为乐。为什么要这样呢？所谓佛身，即法身，是从无量的功德与智慧中生成的，是从戒、定、慧、解脱、解脱知见中生成的，是从修习慈、悲、喜、舍四无量心中生成的，是从修习布施、持戒、忍辱、柔和、勤行精进、禅定、解脱、三昧、多闻、智慧等各种波罗蜜中生成的，是从修行各种方便善巧中生成的，是从修行天眼通、天耳通、他心通、宿命通、神足通、漏尽通六种神通中生成的，是从修行天眼明、宿命明、漏尽明三明生成的，是从修行三十七道品中生成的，是从修持止观中生成的，是从修行十力、四无所畏、十八不共法中生成的，是从断除一切不善之法、聚集一切善法中生成的，是从依据真理和实相中生成的，是从不放纵自我中生成的。总而言之，佛的法身是从无量数如上所说的善法中生成的。诸位仁者，任何想得到如来不坏清净法身、断除一切众生病患的人，都应当发心成就无上正等正觉。"

长者维摩诘就这样向所有前来探问病情的人们宣讲了应当说的佛法义理，使得无数千人都发心想要成就无上正等正觉。

弟子品第三

尔时,长者维摩诘,自念寝疾于床,世尊大慈,宁不垂悯?

佛知其意,即告舍利弗:"汝行诣维摩诘问疾。"

舍利弗白佛言:"世尊,我不堪任诣彼问疾!所以者何?忆念我昔,曾于林中宴坐①树下,时维摩诘来谓我言:'唯,舍利弗,不必是坐,为宴坐也。夫宴坐者,不于三界现身意,是为宴坐;不起灭定②而现诸威仪,是为宴坐;不舍道法而现凡夫事,是为宴坐;心不住内亦不在外,是为宴坐;于诸见不动而修行三十七品,是为宴坐;不断烦恼而入涅槃,是为宴坐。若能如是坐者,佛所印可。'时我,世尊,闻说是语,默然而止,不能加报,故我不任诣彼问疾!"

[注释]

① 宴坐:默然静坐,即坐禅之意。

② 灭定:即灭尽定的简称,又名灭受想定。在此定中,以灭受、想二心所为主,最后连六识心所亦灭,为九次第定之最后一定。

这一部分叙述了维摩诘对舍利弗的弹斥。

[译文]

那时候,维摩诘长者内心之中暗自思忖,自己既已卧病在床,世尊出于大慈之意，哪能不予以关怀探问呢？

佛了解维摩诘的心念，于是便对舍利弗说："你去维摩诘那里探问病情吧。"

舍利弗向佛禀报说："世尊，我不能胜任去那里探问病情！为什么呢？回想起从前的时候，我曾静坐于林中树下，那时维摩诘走了过来，对我说道：'喂，舍利弗，不一定非要这样坐才算是静坐。所谓静坐，就是不在欲界、色界、无色界留下身业和意业，这就是静坐；虽然没有离开灭尽定状态，但在言行举止上可以表现得端正和庄严，这就是静坐；在不舍弃修学佛道奉行佛法的同时，还能处理好各种凡夫的事务，这就是静坐；自心既不流荡于外物之间，也不拘执于自身之内，这就是静坐；能够不受各种邪见干扰，专心致志修学和实践三十七种道品，这就是静坐；在不断除烦恼的情况下，能够进入清净寂灭的涅槃境界，这就是静坐。如果能这样静坐，佛会予以印证和认可。'那时候，世尊，我听这番言论，只能默然处之，无语答对，所以我不能胜任去那里探问病情！"

佛告大目犍连①："汝行诣维摩诘问疾。"

目连白佛言："世尊，我不堪任诣彼问疾！所以者何？忆念我昔，入毗耶离大城，于里巷中为诸居士说法。时维摩诘来谓我言：'唯，大目连，为白衣居士说法，不当如仁者所说。夫说法者，当如法说。法无众生，离众生垢故；法无有我，离我垢故；法无寿命，离生死故；法无有人，前后际断故；法常寂然，灭诸相故；法离于相，无所缘故；法无名字，言语断故；法无有说，离觉观故；法无形相，如虚空故；法无戏论，毕竟空故；法无我所，离我所故；法无分别，离诸识故；法无有比，无相待故；法不属因，不在缘故；法同法性，入诸法故；法随于如，无所随故；法住实际，诸边不动故；法无动摇，不依六尘故；法无去来，常不住故；法顺空，随无相，应无作；法离好丑，法无增损，法无生灭，法无所归；法过眼、耳、鼻、舌、身、心；法无高下，法常住不动，法离一切观行。唯，大目连，法相如是，岂可说乎？夫说法者无说无示，其听法者无闻无得，譬如幻士为幻人说法，当建是意，而为说法。当了众生，根有利钝，善于知见，无所罣碍，以大悲心赞于大乘，念报佛恩，不断三宝，然后说法。'维摩诘说是法时，八百居士发阿耨多罗三藐三菩提心。我无此辩，是故不任诣彼问疾！"

[注释]

① 大目犍连：又作"摩诃目犍连"，略称"目犍连"等，玄奘翻译为没特伽罗，婆罗门种姓，因其父母祷拘律陀树神而得子，故以拘律陀为名，事母至孝，母死出家，精进行道，得六神通，为佛"神通第一"的弟子。见亡母生饿鬼中，持饭往饷，饭化猛火，痛哭白佛，佛令于自恣日设盂兰盆斋，供佛及僧，其母得以脱离饿鬼道，转更资荐，遂生天上，盂兰盆胜会由此滥觞。

这一部分叙述了维摩诘对目犍连的弹斥。

[译文]

佛告诉大目犍连说："你去维摩诘那里探问病情吧。"

目连向佛禀报说："世尊，我不能胜任去那里探问病情！为什么呢？回想起从前的时候，我进入毗耶离大城之中，在街坊里巷之间为诸位居士演说佛法。那时维摩诘来对我说：'喂，大目犍连，为白衣居士们演说佛法，不应当像你这样演说。演说佛法，应当按照佛法来说。法无众生，因为脱离了众生的污垢；法无有我，因为脱离了自我的污垢；法无寿命，因为脱离了生死的困扰；法无有人，因为断除了过去、现在、未来三际的前后延续；法保持着寂静的状态，因为消除了各种具体的相状；法脱离了具体的相状，因为没有任何可以攀缘的事物；法没有名称和表述，因为任何的文字和话语都无法对其加以描绘；法没有论说，因为脱离了觉知和观察；法没有形状和表象，因为如同虚空那样；法不是无谓的言论，因为毕竟空寂；法不是主体的所有物，因为脱离了主体所有的一切；法没有区分，因为远离了各种识别；法没有比较，因为没有相互的对待；法不属于因的范畴，因为不在形成事物的助缘之中；法和法性是完全相同的，因为包含在各种各样的具体事物之中；法随同于表示诸法空性的真如，因为在实际上是无所随同的；法保持着真实的样子，因为各种边见不足以扰动；法不会动来动去的摇摆不定，因为并不依附于色、声、香、味、触、法；法没有离去和到来，因为处于永恒的运动之中；法顺于空，随同于无相，对应着无作；法脱离了美好和丑陋，没有增加和减少，不会产生和灭除，没有最终的归宿；法超越眼、耳、鼻、舌、身、心等六根的感知；法没有高下的区分，保持着常住不变的姿态，远离了一切的观察和思维。喂，大目犍连，法相就是这个样子，难道可以说吗？实际上，那些说法的人并没有演说和展示什么，而那些听法的人也没有听到什么和得到什么，就像幻士为自己变化出来的人说法一样，如果要为白衣居士们说法，就应该建立这样一种旨趣。应当了解众生的根器不同，有的聪利，有的愚钝，擅长融会和贯通各种知识见解，在这方面无所停滞，没有阻碍，同时以大悲之心赞叹大乘佛教，考虑着报答佛的深恩，使佛法僧三宝传承不绝，然后才去演说佛法。'维摩诘讲说此法之时，八百名居士深受鼓舞，于是发心求无上正等正觉。我没有这样无碍的辩才，所以我不能胜任去那里探问病情！"

佛告大迦叶①："汝行诣维摩诘问疾。"

迦叶白佛言："世尊，我不堪任诣彼问疾！所以者何？忆念我昔，于贫里而行乞，时维摩诘来谓我言：'唯，大迦叶，有慈悲心而不能普，舍豪富从贫乞。迦叶，住平等法，应次行乞食；为不食故，应行乞食；为坏和合相故，应取揣食②；为不受故，应受彼食。以空聚想，入于聚落，所见色与盲等，所闻声与响等，所嗅香与风等，所食味不分别，受诸触如智证。知诸法如幻相，无自性，无他性；本自不然，今则无灭。迦叶，若能不舍八邪③、入八解脱④，以邪相入正法；以一食施一切，供养诸佛，及众贤圣，然后可食。如是食者，非有烦恼，非离烦恼；非入定意，非起定意；非住世间，非住涅槃。其有施者，无大福，无小福，不为益，不为损，是为正入佛道，不依声闻。迦叶！若如是食，为不空食人之施也。'时我，世尊，闻说是语，得未曾有，即于一切菩萨，深起敬心，复作是念：'斯有家名，辩才智慧乃能如是！其谁闻此不发阿耨多罗三藐三菩提心？'我从是来，不复劝人以声闻、辟支佛行。是故不任诣彼问疾！"

[注释]

① 大迦叶：具曰摩诃迦叶，名毕波罗，属于婆罗门种姓。"摩诃"译为大。"迦叶"或译为龟，其先世学道，灵龟感其精诚，背负仙图，出而应之，其后世遂以龟命族，故言龟氏；或译为饮光，古有仙人身光炎涌，能映余光，使不显现，故称饮光，迦叶身上也能放出金色光芒映照诸物，故以为姓。父母祷于毕波罗树神而生，故名毕波罗。为大富长者之子，能舍大财与大姓，修头陀之大行，为大人所识，因此称为大迦叶，以别于十力迦叶、优楼频罗迦叶等，为佛"头陀行第一"的弟子。据《联灯会要》记载，在灵山

法会上，释迦牟尼佛拈起一茎青莲华，众皆默然，唯大迦叶破颜微笑，世尊曰："吾有正法眼藏，涅槃妙心，实相无相，微妙法门，不立文字，教外别传。付嘱摩诃迦叶。"大迦叶由此也称为禅宗西天二十八祖中的初祖。

② 揣食：又作团食，揣、抟二字通用，印度人就餐时，习惯于用手将食物抟成丸状然后再吃。玄奘译为段食，谓将各种食物抟在一处，分成一段一段的样子吃下去，以维持身体的存续。

③ 八邪：八正道的反义词，即邪见、邪思惟、邪语、邪业、邪命、邪方便、邪念、邪定。

④ 八解脱：又名八背舍，即八种训练去除贪著的禅定：内有色想观外色解脱、内无色想观外色解脱、净解脱身作证具足住、空无边处解脱、识无边处解脱、无所有处解脱、非想非非想处解脱、灭受想定身作证具住。

这一部分叙述了维摩诘对大迦叶的弹斥。

[译文]

佛对大迦叶说："你去维摩诘那里探问病情吧。"

迦叶向佛禀报说："世尊，我不能胜任去那里探问病情！为什么呢？回想起从前的时候，我曾经在贫困的里巷之中托钵乞食，那时维摩诘走过来对我说：'喂，大迦叶，虽有慈悲之心，但却不能普及一切，所以才会舍弃富豪之家，专门向贫穷人家乞食。迦叶，内心应保持平等看待一切的基本法则，按照顺序向经过的人家乞食；僧众托钵乞食，并非为了吃饭；僧众获取抟成一团的食物，是为了破除人们对和合身相的执着；僧众吃下那些食物，是为了成就道业，修成不受后有的涅槃境界。因此僧人进入村庄聚落时，心中应想到此聚落乃因缘和合而成，本质上也是空的，无论看到什么事物都要像盲人一样视而不见，无论听到什么话语都像听到空谷的回音一样充耳不闻，无论嗅到什么气息都像拂面而过的风一样不做区别，无论吃到什么食物对其是否可口不予分别，对于身体的各种感触应像用一切智慧证得诸法空相一样。深知一切诸法,如幻如化,既无自在的规定性,也无外在的规定性;本来就不存在那个样子,所以现在也就无所谓有什么可以破灭的了。迦叶,如果能不舍弃八邪而获得八种解脱,能通过各种邪门歪道进入正法之中;能将一份食物普遍施与一切众生,供养十方三世一切诸佛和众多的贤圣,然后就可以进食了。如果能这样进食的话,那么就不会具有烦恼,也不用脱离烦恼;既不必刻意入定,也不必起意出定;既不执着于生死流转的世间,又不执着出离生死的涅槃境界。布施给他的那些人,既不会获得大福报,也不会享受小福报,既不会有所增加,也不会有所减少,这才是进入佛道的正确方式,而布施依据声闻道的方式。迦叶!能够这样乞食就餐,才算是没有白吃人家的布施。'世尊,那时候,我听了这番言论,真是得未曾有,立即从内心深处对一切菩萨产生了敬慕之意,我还进一步寻思:'像维摩诘这样虽然只有在家人的名分,但却具有如此突出和卓越的辩才和智慧!谁又能够不因此而发心希求无上正等觉呢?'我从那时以来,就不再劝人修行声闻道和辟支佛道了。因此我不能胜任去那里探问病情!"

佛告须菩提①:"汝行诣维摩诘问疾。"
须菩提白佛言:"世尊,我不堪任诣彼问疾!所以者何?忆念我昔,入其舍,从乞食,时维摩诘取我钵,盛满饭,谓我言:'唯,须菩提,若能于食等者,诸法亦等,诸法等者,于食亦等。如是行乞,乃可取食。若须菩提不断淫怒痴,亦不与俱;不坏于身,而随一相;不灭痴爱,起于明脱;以五逆②相而得解脱,亦不解不缚;不见四谛③,非不见谛;非得果,非不得果;非凡夫,非离凡夫法;非圣人,非不圣人;虽成就一切法,而离诸法相,乃可取食。若须菩提不见佛,不闻法,彼外道六师富兰那迦叶、末

弟子品第三 33

伽梨拘赊梨子、删阇夜毗罗胝子、阿耆多翅舍钦婆罗、迦罗鸠驮迦旃延、尼犍陀若提子等④，是汝之师。因其出家，彼师所堕，汝亦随堕，乃可取食。若须菩提入诸邪见，不到彼岸；住于八难⑤，不得无难；同于烦恼，离清净法；汝得无净三昧，一切众生亦得是定；其施汝者，不名福田；供养汝者，堕三恶道；为与众魔共一手作诸劳侣，汝与众魔，及诸尘劳，等无有异；于一切众生而有怨心，谤诸佛、毁于法，不入众数，终不得灭度。汝若如是，乃可取食。'时我，世尊，闻此茫然，不识是何言？不知以何答？便置钵欲出其舍。维摩诘言：'唯，须菩提，取钵勿惧！于意云何？如来所作化人，若以是事诘，宁有惧不？'我言：'不也。'维摩诘言：'一切诸法，如幻化相，汝今不应有所惧也。所以者何？一切言说不离是相。至于智者，不著文字，故无所惧。何以故？文字性离，无有文字，是则解脱。解脱相者，则诸法也。'维摩诘说是法时，二百天子得法眼净，故我不任诣彼问疾！"

[注释]

① 须菩提：意译为空生、善现、善吉，本大富长者之子，据说他出生的时候，其家中所有的宝藏器物忽然都不见了，故名空生；数日之后，那些失去的财宝又都在忽然之间显现出来，故名善现；其父请术士为他占卜，获得美善吉祥之兆，故名善吉。后来依佛出家，为佛"解空第一"的大弟子，《金刚经》就是由他请佛讲说的。

② 五逆：指五种极逆于理的罪恶，即杀父、杀母、杀阿罗汉、出佛身血、破和合僧。由于这五种行为罪大恶极，无论犯其中任何一种，都会堕无间地狱，故又名"五无间业"。

③ 四谛：又名"四圣谛""四真谛"，即圣者观察到的四条真实不虚的道理。一、苦谛，指一切众生所感受到的逼迫切身之报；二、集谛，指招聚苦报的各种原因，如贪、嗔、痴等烦恼及善恶之业；三、灭谛，指烦恼皆寂、

诸患永灭的涅槃境界；四、道谛，指可以通向涅槃的八正道。佛在鹿野苑初转法轮，即向五比丘宣说四谛法门，因此可以说四谛是佛教最基本的教义。

④ 外道六师富兰那迦叶、末伽梨拘赊梨子、删阇夜毗罗胝子、阿耆多翅舍钦婆罗、迦罗鸠驮迦旃延、尼犍陀若提子等：谓富兰那迦叶、末伽梨拘赊梨子、删阇夜毗罗胝子、阿耆多翅舍钦婆罗、迦罗鸠驮迦旃延、尼犍陀若提子等六人邪心见理，发于邪智，不肯禀受佛之正教，故名外道；而六人又各以所见，教授弟子，故名六师。其中富兰那迦叶主张一切法断灭，反对世间的君臣父子忠孝之道，他以色破欲界有，以空破色界有，认为空是最为究竟的终极真理，故名色空外道。末伽梨拘赊梨子主张众生的苦乐果报并不是由于自己的行为获得的，都是自然而有的，这实际上是否定了招致现业的原因，故名无因外道。删阇夜毗罗胝子主张道不须求，经过一定的生死劫数，如八万劫满，苦尽自然而得，故名自然外道。阿耆多翅舍钦婆罗认为今生如果能忍受各种痛苦，那么来世便会得到永恒的快乐，为此他主张着粗敝衣，自拔其发，以烟熏鼻，以五热炙身，修行各种各样的苦行，故名苦行外道。迦罗鸠驮迦旃延认为诸法亦有相亦无相，有相堕常见，无相堕断见。尼犍陀若提子认为罪福苦乐，本有定因，要当必受，无论如何修道都是无法断除的。六师外道与佛教大致同时兴起，与佛教一齐掀起了反对婆罗门教的沙门思潮，佛教认为六师为外道邪见，则反映了共同反抗婆罗门教的沙门思潮之间也存在着复杂的矛盾和斗争。

⑤ 八难：指地狱、饿鬼、畜生、北俱卢洲、无想天、盲聋喑哑、世智辩聪、佛前佛后等八种见闻佛法有障碍的地方和情形。其中地狱、饿鬼、畜生属三恶道，因业障太重，很难见闻佛法；北俱卢洲人福分很大，但不晓得佛法，故不能了生脱死；无想天为外道所生处，那里的人也是不能了生脱死；患了盲聋喑哑的人，自然见闻不到佛法；世智辩聪之人仗着有点儿小聪明，不肯虚心修行，甚至还会毁谤佛法；生在佛出世前或佛涅槃后，都见不到佛和听不到佛法。

这一部分叙述了维摩诘对须菩提的弹斥。

[译文]

佛对须菩提说："你去维摩诘那里探问病情吧。"

须菩提向佛禀报说:"世尊,我不能胜任去那里探问病情!为什么呢?回想起从前的时候,我曾经到他家乞食,当时维摩诘接过我的钵,盛满饭食,对我说道:'喂,须菩提,如果对于任何食物都能平等接受,对于一切诸法也就都能平等地考虑和对待了,如果能平等地考虑和对待一切诸法,就可以平等接受任何食物了。如果能抱着这样一种态度实行乞食,就可以拿去这钵饭食。如果须菩提在不断除淫、怒、痴的情况下,就能做到不犯淫、怒、痴;如果不等到身体坏灭的时候,就能随顺诸法共同的空相;如果不断除愚痴贪爱,就能获得智慧解脱;即便是犯了五逆重罪,也可以解脱,还能实现对解脱和束缚的超越;对于四谛法门,只是没有执着,并非没有证得;对于所获的果报,只是没有执着,并非没有证得;对于自己所达到的地位,当然已经不是凡夫了,但又未尝脱离凡夫的各种做法;自己已经成为离欲的圣人,虽然不能彻底脱离凡夫之法,以圣自居,但也不刻意掩饰这一点,故作非圣之态;虽然修行成就了一切佛法,但又决不执着于任何的佛法。如果须菩提能做到如上所说的一切,就可以拿取这钵饭食。如果须菩提能够破除对见佛和闻法的执着,向外道六师,如富兰那迦叶、末伽梨拘赊梨子、删阇夜毗罗胝子、阿耆多翅舍钦婆罗、迦罗鸠驮迦旃延、尼犍陀若提子等学习,拜他们为师。你跟着他们出家,他们堕落的地方,你也随之堕落,那么你就可以拿取这钵饭食。如果须菩提情愿浸淫于邪见中,并不乐意前往解脱的彼岸;情愿置身于八难之中,并不希求没有艰难的情景;与各种烦恼和痛苦共同相处,脱离对清净之法的执着;你获得了无诤三昧,一切众生也都获得了这种三昧;那些人向你实行布施,并不因为你是人天福田;那些供养你的人,甚至会堕入地狱、饿鬼、畜生这三恶道之中;如果你能与各种妖魔鬼怪联合起来，成为他们的同伴，并且与各种妖魔鬼怪、各种尘世的烦恼，完全相同，毫无二般；对于一切众生都怀有怨恨之心，诽谤诸佛，非毁佛法，不参与僧众的活动，最终也不会灭度。你如果能做到如上所说，就可以拿取这钵饭食。'那时候，世尊，我听到这番言论，真是茫然不知所措，既不了解其意？也不知如何回答？便想弃钵而去，离开他的家舍。维摩诘说：'喂，须菩提，拿钵去吧，不要害怕！这番话的意思是什么呢？如果用这番话询问如来所变化的化人，难道会害怕吗？'我说：'不会害怕。'维摩诘说：'其实世间的一切事物，都如幻化之相一般，你今天不应该害怕什么。为什么呢？一切言论和谈说，都离不开这种幻相。至于那些真正有智慧的人，他们不会执着于文字语言的表达，因此也就不会害怕。为什么呢？文字本性是背离法的实相，只要不执着于任何的语言文字，这就是解脱。解脱之相，就是一切诸法。'维摩诘说这些法门的时候，有二百位天子获得了法眼的清净无碍，因此我不能胜任去那里探问病情！"

佛告富楼那弥多罗尼子[①]："汝行诣维摩诘问疾。"

富楼那白佛言："世尊，我不堪任诣彼问疾！所以者何？忆念我昔，于大林中，在一树下，为诸新学比丘说法。时维摩诘来谓我言：'唯，富楼那，先当入定，观此人心，然后说法。无以秽食置于宝器，当知是比丘心之所念，无以琉璃同彼水精。汝不能知众生根源，无得发起以小乘法。彼自无疮，勿伤之也；欲行大道，莫示小径；无以大海，内于牛迹；无以日光，等彼萤火。富楼那，此比丘久发大乘心，中忘此意，如何以小乘法而教导之？我观小乘，智慧微浅，犹如盲人，不能分别一切众生根之利钝。'时维摩诘即入三昧，令此比丘自识宿命，曾于五百佛所植众德本，回向阿耨多罗三藐三菩提,即时豁然,还得本心。于是诸比丘稽首礼维摩诘足。时维摩诘因为说法,于阿耨多罗三藐三菩提不复退转。我念声闻不观人根,不应说法,是故不任诣彼问疾!"

[注释]

① 富楼那弥多罗尼子:支谦意译为满祝子,玄奘意译为满慈子。富楼那,意译为满愿。其父于满江祝祷梵天,以求子嗣,正值江满,又梦七宝器,盛满珠宝,入于其母弥多罗尼之怀,母遂怀子,遂父所愿,故名满愿。弥多罗尼,意译为慈行,亦为知识,四韦陀有此品,其母诵之,以此为名,其所生子,故名慈子。为佛"说法第一"的大弟子。

这一部分叙述了维摩诘对富楼那弥多罗尼子的弹斥。

[译文]

佛对富楼那弥多罗尼子说:"你去维摩诘那里探问病情吧。"

富楼那向佛禀报说:"世尊,我不能胜任去那里探问病情!为什么呢?回想起从前的时候,我曾经于森林中,在一棵树下,为那些新近出家的比丘说法。那时维摩诘走了过来,对我说道:'喂,富楼那,首先应当进入禅定,观察这些人的心理状态,然后才能讲说佛法。千万不要把污秽不堪的食品放到珍贵的食具之中,应当了解到这些比丘心中的意念,不要用普通的琉璃混同珍贵的水晶。你既然不能了解众生的根源,就不要发起和运用小乘之法。他们本来并没有创伤,就不要伤害他们了;想要实践大乘佛法,就不要指引小乘法的小路;不要把大海的水量倾注在牛蹄的印迹之中;不要将明亮的日光等同于萤火的微明。富楼那,这些比丘早就发心修学大乘道,中间忘记了这个意思,怎么能用小乘法去教导他们呢?在我看来,小乘法的智慧微弱浅陋,犹如盲人一样,不能分辨一切众生根器的聪利与顽钝。'正在说话之时,维摩诘就进入了三昧禅定,让这些比丘认清了自己的往世宿命,曾经在五百位佛的道场中积累起各种德行的根本,并将这一切功德都回向给了无上正等正觉,这些比丘立即豁然开悟,恢复了他们追求无上正等正觉的本心。于是这些比丘纷纷稽首礼维摩诘足。维摩诘于是就为他们讲经说法,使他们追求无上正等正觉的心愿不再退失。我认识到声闻小乘不能观察人们的根机,不应该讲经说法,因此我不能胜任去那里探问病情!"

佛告摩诃迦旃延①:"汝行诣维摩诘问疾。"

迦旃延白佛言:"世尊,我不堪任诣彼问疾!所以者何?忆念昔者,佛为诸比丘略说法要,我即于后,敷演其义,谓无常义、苦义、空义、无我义、寂灭义。时维摩诘来谓我言:'唯,迦旃延,无以生灭心行,说实相法。迦旃延,诸法毕竟不生不灭,是无常义;五受阴洞达空无所起,是苦义;诸法究竟无所有,是空义;于我、无我而不二,是无我义;法本不然,今则无灭,是寂灭义。'说是法时,彼诸比丘心得解脱。故我不任诣彼问疾!"

[注释]

① 摩诃迦旃延:又云迦旃子、迦旃延子、迦多衍那、迦多衍尼子、迦底耶夜那、迦多演尼子、迦甄延、迦甄延尼子等。摩诃,意译为大;迦旃,意译为剪剃种,为婆罗门姓十姓之一;延,意译为子嗣。剪剃种于同姓中为大,故称摩诃迦旃;其人为摩诃迦种姓的女子所生,从母为姓,故称摩诃迦旃延。因善于分析法义,为佛"论议第一"的大弟子。

这一部分叙述了维摩诘对摩诃迦旃延的弹斥。

[译文]

佛对摩诃迦旃延说:"你去维摩诘那里探问病情吧。"

迦旃延向佛禀报说："世尊，我不能胜任去那里探问病情！为什么呢？回想起从前的时候，佛曾经给诸位比丘简明演说佛法的要领，此后我便将其思想义理铺展开来，详尽地论说，阐述了无常、苦、空、无我、寂灭的意义。那时维摩诘走来对我说道：'喂，迦旃延，不要运用有生有灭的心理和思维，理解和诠释诸法的实相。迦旃延，一切诸法从终极究竟的意义上来说都是无生无灭的，就是无常的意义；能够洞达色、受、想、行、识五蕴是空的，无所生起，就是苦的意义；一切诸法从究竟终极的意义上来说是不存在的，就是空的意义；认识到我和无我之间的无二无别，就是无我的意义；一切诸法本来就不是真实的存在，现在也就谈不上什么消灭，就是寂灭的意义。'维摩诘讲说这些法义之时，那些比丘的自心都获得了解脱。因此我不能胜任去那里探问病情！"

佛告阿那律[①]："汝行诣维摩诘问疾。"

阿那律白佛言："世尊，我不堪任诣彼问疾！所以者何？忆念我昔，于一处经行，时有梵王，名曰严净，与万梵俱，放净光明，来诣我所，稽首作礼问我言：'几何阿那律天眼所见？'我即答言：'仁者，吾见此释迦牟尼佛土三千大千世界，如观掌中庵摩勒果。'时维摩诘来谓我言：'唯，阿那律，天眼所见，为作相耶？无作相耶？假使作相，则与外道五通等；若无作相，即是无为，不应有见。'世尊，我时默然。彼诸梵闻其言，得未曾有，即为作礼而问曰：'世孰有真天眼者？'维摩诘言：'有佛、世尊，得真天眼，常在三昧，悉见诸佛国，不以二相。'于是严净梵王及其眷属五百梵天，皆发阿耨多罗三藐三菩提心，礼维摩诘足已，忽然不现。故我不任诣彼问疾！"

[注释]

① 阿那律：意译为如意，谓其于过去世中，曾以一食供养辟支佛，感得九十一劫受如意乐之果报。据《增壹阿含经》，佛在给孤独园为众说法，阿那律却在听众中睡起觉来，佛以偈呵斥他说："咄咄何为睡，螺蛳蚌蛤类，一睡一千年，不闻佛名字。"阿那律闻佛说偈，决心精进修行，彻夜不眠，结果熬坏双眼，成为瞎子，但也因其精进而获得天眼通，可以观三千世界，犹如掌中庵摩勒果，成为佛"天眼第一"的大弟子。

这一部分叙述了维摩诘对阿那律的弹斥。

[译文]

佛对阿那律说："你去维摩诘那里探问病情吧。"

阿那律向佛禀报说："世尊，我不能胜任去那里探问病情！为什么呢？回想起从前的时候，我曾在一处经行，当时有一位名叫严净的梵天王，与上万名梵天人众一齐释放出净洁的光明，来到我经行的地方，向我稽首行礼，问我说：'阿那律，天眼所看到的范围有多大？'我当即回答他说：'仁者，我看释迦牟尼教化的国土，就是这个三千大千世界，就像看掌中的庵摩勒果一样。'这时维摩诘走来对我说：'喂，阿那律，天眼所看到的一切，是起心造作的相状呢，还是无所造作的相状呢？如果是起心造作，那么就与外道修得的五神通完全等同；如果是无所造作，那么就是无为，不应当看见什么。'世尊，当时我只能默然处之，无言可对。那些梵天人众听他所说，获得了以往从未有过的启发，当即向维摩诘致礼，并询问道：'世间有真正具有天眼的人吗？'维摩诘说：'有的，诸佛世尊便获得了真正的天眼，时常处于三昧禅定中，能任运而见一切诸佛的国土，不必经过作意或不作意的两种状态。'就这样，严净梵天王及其部众中的五百梵天人众，都因此发心追求无上正等正觉，他们顶礼维摩诘足下之后，就忽然消失不见了。

弟子品第三　41

因此我不能胜任去那里探问病情！"

佛告优波离①："汝行诣维摩诘问疾。"

优波离白佛言："世尊，我不堪任诣彼问疾！所以者何？忆念昔者，有二比丘犯律行②，以为耻，不敢问佛，来问我言：'唯，优波离，我等犯律，诚以为耻，不敢问佛，愿解疑悔，得免斯咎！'我即为其如法解说。时维摩诘来谓我言：'唯，优波离，无重增此二比丘罪！当直除灭，勿扰其心。所以者何？彼罪性不在内、不在外、不在中间，如佛所说，心垢故众生垢，心净故众生净。心亦不在内、不在外、不在中间，如其心然，罪垢亦然，诸法亦然，不出于如。如优波离，以心相得解脱时，宁有垢不？'我言：'不也！'维摩诘言：'一切众生心相无垢，亦复如是。唯，优波离，妄想是垢，无妄想是净；颠倒是垢，无颠倒是净；取我是垢，不取我是净。优波离，一切法生灭不住，如幻、如电，诸法不相待，乃至一念不住；诸法皆妄见，如梦、如焰、如水中月、如镜中像，以妄想生。其知此者，是名奉律；其知此者，是名善解。'于是二比丘言：'上智哉，是优波离所不能及，持律之上而不能说！'我即答言：'自舍如来，未有声闻及菩萨，能制其乐说之辩，其智慧明达，为若此也！'时二比丘疑悔即除，发阿耨多罗三藐三菩提心，作是愿言：'令一切众生皆得是辩。'故我不任诣彼问疾！"

[注释]

① 优波离：意译为近取、近执。持律严谨，为众纪纲，为佛"持律第一"的大弟子。

② 有二比丘犯律行：对于此二比丘所犯何事，各种讲本甚少谈及。《维

摩经略疏》卷第五中说:"有师曾见经云:有一比丘兰若露卧,采薪女见,盗行非法。比丘卧觉,疑犯初重。又一比丘嗔此女,欲打怖走,堕坑而死。比丘心疑,惧犯杀戒。耻愧世尊,不敢咨问,遂从波离请决所疑。"《永嘉证道歌》中咏此事云:"有二比丘犯淫杀,波离萤光增罪结。维摩大士顿除疑,犹如赫日销霜雪。"对维摩诘的智慧进行了热情讴歌和高度评价。

这一部分叙述了维摩诘对优波离的弹斥。

[译文]

佛对优波离说:"你去维摩诘那里探问病情吧。"

优波离向佛禀报说:"世尊,我不能胜任去那里探问病情!为什么呢?回想起从前的时候,有两位比丘违反了戒律的规定,深以为羞耻,不敢去问佛,便来问我说:'喂,优波离,我们违反了戒律,感到非常羞耻,不敢问佛,期待你来解脱和消除我们的疑惑和悔恨,使我们可以免除这一罪过!'我便依据戒律的规定为他们解说。那时候维摩诘走来对我说道:'喂,优波离,不要重新增加这两位比丘的罪过了!应当直接除灭他们的罪过,不要扰乱他们的内心。为什么这样呢?他们罪过的本性不在心内、不在心外、不在内外之间,正如佛所说的那样,心若秽垢众生就有罪垢染污,心若清净众生就会清净无垢。众生之心不在内、不在外、不在内外之间,如果众生之心是这样的,那么罪垢也都是这样的,一切诸法也都是这样的,不能出乎实相真如的范围。就像优波离那样,从自心之相上获得解脱,还有污垢吗?'我说:'没有!'维摩诘说:'一切众生自心的相状清净无垢,也是如此。喂,优波离,妄想是污垢,没有妄想便是清净;有颠倒的想法是污垢,没有颠倒的想法便是清净;认取自我的想法是污垢,不认取自我的想法便是清净。优波离,一切诸法生灭流转,从不停留,如同梦幻、如同闪电,并无相互间的依赖,甚至连一念之间的短暂稳定性也都没有；一切诸法都是虚妄的认识，如同幻梦、如同阳焰、如同水中月、如同镜中像，都是从妄想中产生的。能做到这些，就是奉持戒律；能了解到这些，就是善于解说戒律。'于是这两位比丘说：'实在是至高无上的智慧，连优波离这样戒律水平最高的人也不能企及，"持戒第一"的他却说不出这种高深的道理！'我回答说：'除了如来世尊，还没有二乘和菩萨能够制服他的滔滔雄辩，他的智慧是如此的明白通达！'当时那两位比丘的疑虑和悔恨都得以消除，发心追求无上正等正觉，立誓愿说：'但愿一切众生都能获得这样的辩才。'因此我不能胜任去那里探问病情！"

佛告罗睺罗①："汝行诣维摩诘问疾。"

罗睺罗白佛言："世尊，我不堪任诣彼问疾！所以者何？忆念昔时，毗耶离诸长者子来诣我所，稽首作礼，问我言：'唯，罗睺罗，汝佛之子，舍转轮王位，出家为道。其出家者，有何等利？'我即如法为说出家功德之利。时维摩诘来谓我言：'唯，罗睺罗，不应说出家功德之利。所以者何？无利无功德，是为出家。有为法者，可说有利有功德。夫出家者，为无为法，无为法中，无利无功德。罗睺罗，夫出家者，无彼无此，亦无中间；离六十二见②，处于涅槃；智者所受，圣所行处；降伏众魔，度五道，净五眼③，得五力，立五根；不恼于彼，离众杂恶；摧诸外道，超越假名；出淤泥，无系著；无我所，无所受；无扰乱，内怀喜；护彼意，随禅定，离众过。若能如是，是真出家。'于是维摩诘语诸长者子：'汝等于正法中，宜共出家。所以者何？佛世难值！'诸长者子言：'居士，我闻佛言，父母不听，不得出家。'维摩诘言：'然！汝等便发阿耨多罗三藐三菩提心，是即出家，是即具足。'尔时，三十二长者子皆发阿耨多罗三藐三菩提心，故我不任诣彼问疾！"

[注释]

① 罗睺罗：释迦牟尼佛之嫡子，意译为执月、障蔽。谓其人生时，正值罗睺罗阿修罗王障蚀月时，故得此名；又谓其处胎六年，方始降生，为母胎所障蔽，故得此名。十五岁出家，拜舍利弗为和尚，为沙弥时，即成阿罗汉果，为佛"密行第一"的大弟子。后于法华会上回心转向大乘，受佛记别，为七宝华如来。

② 六十二见：为外道邪见，外道以色、受、想、行、识等五蕴法为对象，起常、无常、亦常亦无常、非常非无常等见，共成二十见；起有边际、无边际、亦有边际亦无边际、非有边际非无边际等见，亦成二十见；起有去来、无去来、亦有去来亦无去来、非有去来非无去来等见，又成二十见。三者相加，共成六十见；加上根本色、心二见，共成六十二见。

③ 五眼：谓肉眼、天眼、慧眼、法眼、佛眼。肉眼为肉身凡夫之眼，遇昏暗、阻碍，即不能见；天眼是天人之眼，远近昼夜，都能得见；慧眼是声闻之眼，能看破假相，识得真空；法眼是菩萨之眼，能了达世间出世间一切法门；佛眼是如来之眼，兼有前四种眼，而无事不知，无事不见，于一切法中，佛眼常照。

这一部分叙述了维摩诘对罗睺罗的弹斥。

[译文]

佛对罗睺罗说："你去维摩诘那里探问病情吧。"

罗睺罗向佛禀报说："世尊，我不能胜任去那里探问病情！为什么呢？回想起从前的时候，毗耶离城中诸位长者的儿子来到我的住所，对我稽首致礼，向我咨询说：'喂，罗睺罗，你是佛的儿子，放弃了转轮王位，出家修道。那么出家有什么样的利益呢？'我就按照佛的教法对他们讲说出家所能获得的各种功德利益。正在那时，维摩诘过来对我说：'喂，罗睺罗，不应该讲说出家的利益功德。为什么呢？不追求利益，不追求功德，才是出家。对于那些有为之法，才可以说有利益有功德。出家修道属无为法，在无为法中，则没有利益没有功德。罗睺罗，对于出家修道者来说，既不执着于彼岸、此岸，也不执着于彼岸与此岸之间的中道；远离六十二种邪僻之见，就能处于涅槃状态；这是智者所受持的法门，圣贤修行实践的方式；可以降伏魔众，度脱地狱、饿鬼、畜生、人、天等五道轮回中的众生，使肉眼、天眼、慧眼、法眼和佛眼都变得非常清净，获得信力、精进力、念力、定力和慧力，树立起信根、精进根、念根、定根和慧根；不会为外界而烦恼，远离各种杂乱和秽恶；摧毁和折伏了外道的论议，超脱各种假象；出离了烦恼淤泥，没有任何的系缚和执着；放弃了对诸法的感受，不被扰乱；不会受到干扰和恼乱，内心充满法喜；珍惜大家的心意，随缘修行各种禅定，远离各种过错。如果能够这样，就是真正出家。'于是，维摩诘对诸位长者的儿子说：'你们现在处于世尊住世的正法时期，最好一起出家。为什么呢？因为佛住世的时期是很难值遇的！'诸位长者的儿子说：'居士，我们听佛说过，如果父母不允许，不可以出家。'维摩诘说：'确实如此！不过只要你们发心求得无上正等正觉，就是出家，就是圆满具足出家的戒行。'那时候，有三十二位长者的儿子全都发心希求无上正等正觉，因此我不能胜任去那里探问病情！"

佛告阿难[①]："汝行诣维摩诘问疾。"
阿难白佛言："世尊，我不堪任诣彼问疾！所以者何？忆念昔时，世尊身小有疾，当用牛乳，我即持钵，诣大婆罗门家门下立。时维摩诘来谓我言：'唯，阿难，何为晨朝，持钵住此？'我言：'居士，世尊身小有疾，当用牛乳，故来至此。'维摩诘言：'止，止,阿难,莫作是语!如来身者,金刚之体,诸恶已断,众善普会,当有何疾?当有何恼?默往,阿难,勿谤如来,莫使异人闻此粗言,无令大威德诸天,及他方净土诸来菩萨得闻斯语!阿难,转轮圣王,以少福故,尚得无病,岂况如来无量福会普胜者哉!行矣,阿难,勿使我等受斯耻也!外道梵志若闻此语,当作是念:何名为师?自疾不能救,而能救诸疾人?可密速去,勿使人闻。当知,阿难,诸如来身,即是法身,非思欲身。佛为世尊,过于三界;佛身无漏,诸漏已尽;佛身无为,不堕诸数。如此之身,当有何疾?'时我,世尊,实怀惭愧,得无近佛而谬听耶?即闻空中声曰:'阿难,如居士言,但为佛出五浊恶世②,现行斯法,度脱众生。行矣,阿难,取乳勿惭!'世尊,维摩诘智慧辩才为若此也,是故不任诣彼问疾!"

如是,五百大弟子各各向佛说其本缘,称述维摩诘所言,皆曰:"不任诣彼问疾!"

[注释]

① 阿难:全称应为阿难陀,意译为庆喜,斛饭王之子,提婆达多之弟,佛之从弟,佛成道日生,生时举国欣庆,故云庆喜。二十五岁出家,侍佛二十五年,受持一切佛法,佛十大弟子之一。佛入灭后,证得阿罗汉果,与摩诃迦叶等在摩揭陀国灵鹫山七叶窟结集法藏,为佛"多闻第一"的大弟子。

② 五浊恶世:在佛教看来,释迦牟尼佛所教化的这个世界,劫浊、烦恼浊、众生浊、见浊、命浊,故称五浊恶世。劫浊,指时代不幸,灾难频生;烦恼浊,指世人心中充满贪、嗔、痴等诸多烦恼;众生浊,指众生资质低劣,苦多乐少;见浊,指邪见流行,思想混乱;命浊,指众生多行恶业,身心交瘁,寿命短促。很显然,五浊恶世的说法是佛教对世人充满悲悯情怀的集中体现。

这一部分叙述了佛对阿难的弹斥。

[译文]

佛对阿难说:"你去维摩诘那里探问病情吧。"

阿难向佛禀报说:"世尊,我不能胜任去那里探问病情!为什么呢?回想起从前的时候,世尊贵体偶染微恙,应当用些牛乳,我就持钵到大婆罗门家门口站立等候。那时维摩诘走来对我说:'喂,阿难,为什么早晨持钵站在此处?'我说:'居士,世尊贵体偶染微恙,应当用些牛乳,因此来到这里。'维摩诘说:'别说了,别说了,阿难,千万不要这么说!如来身体,就是金刚不坏之体,一切恶都已经断除净尽,是各种善的集会之处,哪里会生什么疾病呢?哪里会有什么烦恼呢?闭上嘴巴回去吧,阿难,不要毁谤如来了,不要让外人听到这么粗鄙的话,不要让那些具有巨大威德的诸梵天王以及从他方净土世界赶过来的菩萨听到这话!阿难,转轮圣王仅仅因为比较微小的福德,尚且都可以不生疾病,更何况如来世尊具有无量福德普遍胜于一切呢! 走开吧,阿难,不要再让我们蒙受如此的羞辱了!清净修行的外道梵志如果听到这话,就会这样考虑:这怎么能称为大师啊?连自己有病都不能救治,还怎么能救治其他病人呢?快点儿悄悄离开吧,阿难,千万别让他人听见了。应当知道,阿难,一切如来之身,就是法身,而非思虑和欲望之身。佛在世界上所受到的尊重,超过了色界、欲界、无色界等三界的一切众生;佛身没有任何的烦恼,已经消除一切有漏的根因;佛身属于无为法,不会坠入生死有为法之中。这样的身体,怎么会有疾病?'那时候,世尊,我内心确实充满了惭愧,我虽然为佛近侍,但会不会有可能听错了?我当即听到空中有个声音说:'阿难,事实正如居士所说那样,但是由于佛出现于五浊恶世之中,不得不示现出这样的教化之法,以度脱众生。去吧,阿难,拿取牛乳,不用惭愧!'世尊,维摩诘智慧辩才已经达到了如此程度，因此我不能胜任去那里探问病情！"

就这样，五百名大弟子各自向佛讲说了自己的经历，称扬叙述了维摩诘的言论，都表示自己不能胜任去那里探问病情。

菩萨品第四

于是,佛告弥勒①菩萨:"汝行诣维摩诘问疾。"

弥勒白佛言:"世尊,我不堪任诣彼问疾!所以者何?忆念我昔,为兜率天王及其眷属,说不退转地②之行。时维摩诘来谓我言:'弥勒,世尊授仁者记,一生当得阿耨多罗三藐三菩提。为用何生,得受记③乎?过去耶?未来耶?现在耶?若过去生,过去生已灭;若未来生,未来生未至;若现在生,现在生无住。如佛所说:比丘,汝今实时,亦生亦老亦灭。若以无生得受记者,无生即是正位,于正位中,亦无受记,亦无得阿耨多罗三藐三菩提,云何弥勒受一生记乎?为从如生得受记耶?为从如灭得受记耶?若以如生得受记者,如无有生;若以如灭得受记者,如无有灭。一切众生皆如也,一切法亦如也,众圣贤亦如也,至于弥勒亦如也。若弥勒得受记者,一切众生亦应受记。所以者何?夫如者不二不异,若弥勒得阿耨多罗三藐三菩提者,一切众生皆亦应得。所以者何?一切众生即菩提相。若弥勒得灭度者,一切众生亦应灭度。所以者何?诸佛知一切众生毕竟寂灭,即涅槃相,不复更灭。是故,弥勒,无以此法诱诸天子,实无发阿耨多罗三藐三菩提心者,亦无退者。弥勒,当令此诸天子,舍于分别菩提之见。所以者何?菩提者不可以身得,不可以心得;寂灭是菩提,灭诸相故；不观是菩提，离诸缘故；不行是菩提，无忆念故；断是菩提，舍诸见故；离是菩提，离诸妄想故；障是菩提，障诸愿故；不入是菩提，无贪著故；顺是菩提，顺于如故；住是菩提，住法性故；至是菩提，至实际故；不二是菩提，离意法故；等是菩提，等虚空故；无为是菩提，无生住灭故；知是菩提，了众生心行故；不会是菩提，诸入不会故；不合是菩提，离烦恼习故；无处是菩提，无形色故；假名是菩提，名字空故；如化是菩提，无取舍故；无乱是菩提，常自静故；善寂是菩提，性清净故；无取是菩提，离攀缘故；无异是菩提，诸法等故；无比是菩提，无可喻故；微妙是菩提，诸法难知故。'世尊，维摩诘说是法时，二百天子得无生法忍④，故我不任诣彼问疾！"

[注释]

① 弥勒：译为弥帝隶、梅低梨、迷谛隶等，为菩萨之姓，意译为慈氏；名阿逸多，意译为无能胜。生于南天竺婆罗门家，为补处菩萨。先释迦牟尼佛入灭，生于兜率天内院，经彼处四千岁（即人中五十六亿七千万岁），将下生人间，继释迦牟尼之后成佛，于华林园龙华树下成正觉，三会说法，分别度脱亿万人天。因此弥勒也是弥勒净土信仰的教主，发愿往生兜率净土可以亲近弥勒菩萨，并随其降生世间。弥勒信仰很早就已传入中土，塑像留存至今者甚多，如四川乐山大佛即为弥勒坐像。传说五代时明州（治今浙江宁波市）岳林寺僧契此大而体肥，被认定为弥勒示现，后来汉传佛寺天王殿中主供的弥勒像就是契此的形象，而岳林寺所在的雪窦山也由此被认为是弥勒道场。

② 不退转地：修行至此地位，所修之功德善根愈增愈进，不更退失转变，略云不退，梵语音译为阿毗跋致。

③ 受记：佛对发菩提心的众生所做的将来成佛的预言；就被预言的一方而言，则为受记，即接受佛的记莂之意。

④ 无生法忍：简称无生忍。无生法，即远离生灭的真如实相理体，真智安住于此理而不动，谓之无生法忍。证得无生法忍的菩萨，是名阿毗跋致，也就是证入了不退转地。

这一部分展现了维摩诘对弥勒受一生记莂的深刻理解。

[译文]

于是，佛对弥勒菩萨说："你去维摩诘那里探问病情吧。"

弥勒向佛禀报说："世尊，我不能胜任去那里探问病情！为什么呢？回想起从前的时候，我曾经为兜率天王及其所统领的眷属大众说修习不退转地的方法。那时维摩诘走过来对我说：'弥勒，世尊曾经给你授记，说你再有一生即可获得无上正等正觉。那么你是依据哪一生获得佛的记莂呢？是过去生呢，还是未来生、现在生呢？如果是过去生，那么过去生已经消灭了；如果是未来生，那么未来生还没有到来；如果是现在生，那么现在生处于流转之中，不会有片刻的停留。正像佛所说的那样：比丘，你现在每时每刻都处于即生、即老、即灭的状态之中。如果是因为无生获得佛的记莂，由于无生属于取证之位，在证无生之位上，是不会获得佛的记莂的，也不会获得无上正等正觉，那么如何说弥勒获得佛一生补处的记莂呢？是从真如生时受到佛的记莂呢，还是从真如灭时受到佛的记莂呢？如果是由于真如生时受到记莂，真如没有生时；如果是从真如灭时受到记莂，真如没有灭时。一切众生都是真如，一切诸法也都是真如，一切圣贤之众也都是真如，至于弥勒，也是真如。如果弥勒获得了佛的记莂，那么一切众生也都应该获得记莂。为什么呢？真如就是完全一致、毫无差异，如果弥勒能够获得无上正等正觉，那么一切众生也都应该获得。为什么呢？因为一切众生都有菩提之相。如果弥勒可以获得灭度，那么一切众生也都将会获得灭度。为什么呢？诸佛世尊深知一切众生的本质就是寂灭，就是涅槃，并非离此之相更有什么寂灭。因此，弥勒，不要用这种教法误导兜率天众，实际上并没有人发心希求无上正等正觉，也没有人心生退转。弥勒，应当让这些天众放弃对于菩提的分别之见。为什么呢？因为菩提不能以色身获得，不能以分别心获得；寂灭是菩提，因为灭除了一切事物差别的相状；不观是菩提，因为远离了生成事物的各种条件；不行是菩提，因为不再生起回忆和念想；断除是菩提，因为内心已经放弃各种见解；远离是菩提，因为内心远离一切妄想；障碍是菩提，因为能够障碍一切意愿；根尘不相入是菩提，因为内心不贪著于一切境界；随顺是菩提，因为随顺真如之理；安住是菩提，因为安住于法性寂灭；达到是菩提，因为达到诸法真实境界；不二是菩提，因为远离了运用意念分别诸法；等同是菩提，因为与虚空一样无所区别；无为是菩提，因为没有生成、维持、灭除等相状；智慧是菩提，因为了达一切众生内心思维；不会是菩提，因为眼、耳、鼻、舌、身、意内六入与色、声、香、味、触、法外六入不相和合；不合是菩提，因为远离烦恼习气；无处是菩提，因为没有具体形色；假名是菩提，因为文字语言本来性空；如化是菩提，因为不生取舍之心；无乱是菩提，因为自心经常清净；善顺寂灭是菩提，因为本性清净；无所执取是菩提，因为远离攀缘；无所差异是菩提，因为诸法平等；不作比拟是菩提，因为无可比喻；微妙是菩提，因为诸法很难被充分了解。'世尊，维摩诘讲说此法的时候，有两百名天人都获得了无生法忍，因此我不能胜任去那里探问病情！"

佛告光严童子："汝行诣维摩诘问疾。"

光严白佛言："世尊，我不堪任诣彼问疾！所以者何？忆念我昔，出毗耶离大城。时，维摩诘方入城，我即为作礼而问言：'居士从何所来？'答我言：'吾从道场①来。'我问：'道场者何所是？'答曰：'直心是道场，无虚假故；发行是道场，能办事故；深心是道场，增益功德故；菩提心是道场，无错谬故；布施是道场，不望报故；持戒是道场，得愿具故；忍辱是道场，于诸众生心无碍故；精进是道场，不懈退故；禅定是道场，心调柔故；智慧是道场，现见诸法故；慈是道场，等众生故；悲是道场，忍疲苦故；喜是道场，悦乐法故；舍是道场，憎爱断故；神通是道场，成就六通故；解脱是道场，能背舍②故；方便是道场，教化众生故；四摄是道场，摄众生故；多闻是道场，如闻行故；伏心是道场，正观诸法故；三十七品是道场，舍有为法故；四谛是道场，不诳世间故；缘起是道场，无明乃至老死皆无尽故；诸烦恼是道场，知如实故；众生是道场，知无我故；一切法是道场，知诸法空故；降魔是道场，不倾动故；三界是道场，无所趣故；师子吼是道场，无所畏故；力、无畏、不共法是道场，无诸过故；三明是道场，无余碍故；一念知一切法是道场，成就一切智故。如是，善男子！菩萨若应诸波罗蜜教化众生，诸有所作，举足下足，当知皆从道场来，住于佛法矣。'说是法时，五百天人皆发阿耨多罗三藐三菩提心。故我不任诣彼问疾！"

[注释]

① 道场：初谓佛成圣道之处，在中印度摩揭陀国尼连禅河侧菩提树下；后来供养佛之处所，亦谓为道场；又学佛修道之处，亦谓为道场；隋炀帝时改寺院名为道场；修行忏法之处，亦谓为道场，如慈悲道场、水陆道场等。此处则专指成就佛道之修行方法，如直心、深心、菩提心等。

② 背舍：即背离舍弃俗世烦恼、获得解脱之意，八背舍，玄奘译为八

解脱。

这一部分展现了维摩诘对道场的深刻理解。

[译文]

佛对光严童子说:"你去维摩诘那里探问病情吧。"

光严童子向佛禀报说:"世尊,我不能胜任去那里探问病情!为什么呢?回想从前的时候,我正准备走出毗耶离大城。恰巧那时维摩诘正要进城,我就向他行礼,并问他:'居士是从什么地方过来的?'他回答我说:'我从道场来。'我问:'道场是什么地方?'他回答说:'直心是道场,因为没有任何的虚假;发行是道场,因为能够办成事务;深心是道场,因为能增加功德利益;菩提心是道场,因为不会产生谬误;布施是道场,因为不指望得到回报;持戒是道场,因为可以使自己的志愿得到具足和圆满;忍辱是道场,因为对众生心愿不会造成妨碍;精进是道场,因为不会懈怠懒惰;禅定是道场,因为可以使自己的内心调伏得非常柔顺;智慧是道场,因为可以使一切诸法尽现眼前;慈心是道场,因为可以平等对待一切众生;悲心是道场,因为可以忍受疲劳和苦难;喜心是道场,因为比较喜欢佛法;舍离心是道场,因为能够断除憎恨或贪爱之念;神通是道场,因为可以获得六种神异的本领;解脱是道场,因为可以获得八种背舍;方便是道场,因为可以随缘教化一切众生;四摄法是道场,因为可以接纳一切众生进入佛教的法门;多闻是道场,因为能够像听到的那样去实践真实的修行;伏心是道场,因为可以正确地观察各种事物;三十七道品是道场,因为可以舍弃一切有为之法;四谛是道场,因为不欺骗世间人;缘起是道场,因为无明乃至老死都永远没有尽头;各种烦恼是道场,因为如实了解了各种烦恼;众生是道场,因为并不存在任何真实的自我规定性;一切诸法是道场,因为知道诸法的本性是空的；降伏众魔是道场，因为内心坚定毫不动摇；三界是道场，因为没有任何的追求；狮子吼是道场，因为没有任何的畏惧；十力、四无畏、十八不共法是道场，因为没有任何的过失；三明是道场，因为没有任何的障碍；一念顿悟一切法是道场，因为由此可以成就一切智。就是这样，善男子！菩萨如果按照六种波罗蜜教化众生的话，那么其一切所作所为，无论是举手还是投足，无不是从道场来，安住于佛法之中。'维摩诘讲说这些佛法的时候，五百天人皆发心希求无上正等正觉。因此我不能胜去到那里探问病情。"

佛告持世菩萨："汝行诣维摩诘问疾。"

持世白佛言："世尊，我不堪任诣彼问疾！所以者何？忆念我昔，住于静室，时魔波旬①，从万二千天女，状如帝释，鼓乐弦歌，来诣我所。与其眷属，稽首我足，合掌恭敬，于一面立。我意谓是帝释②，而语之言：'善来③，憍尸迦，虽福应有，不当自恣！当观五欲无常，以求善本，于身命财而修坚法。'即语我言：'正士，受是万二千天女，可备扫洒。'我言：'憍尸迦，无以此非法之物要我沙门释子，此非我宜！'所言未讫，时维摩诘来谓我言：'非帝释也，是为魔来娆固汝耳。'即语魔言：'是诸女等，可以与我，如我应受。'魔即惊惧，念：'维摩诘将无恼我。'欲隐形去，而不能隐，尽其神力，亦不得去，即闻空中声曰：'波旬，以女与之，乃可得去。'魔以畏故，俯仰而与。

"尔时，维摩诘语诸女言：'魔以汝等与我，今汝皆当发阿耨多罗三藐三菩提心。'即随所应而为说法，令发道意。复言：'汝等已发道意，有法乐可以自娱，不应复乐五欲乐也。'天女即问：'何谓法乐？'答言：'乐常信佛，乐欲听法，乐供养众，乐离五欲；乐观五阴如怨贼，乐观四大如毒蛇，乐观内入如空聚；乐随护道意，乐饶益众生，乐敬养师；乐广行施，乐坚持戒；乐忍辱柔和，乐勤集善根，乐禅定不乱，乐离垢明慧；乐广菩提心，乐降伏众魔，乐断诸烦恼，乐净佛国土，乐成就相好故，修诸功德；乐严道场；乐闻深法不畏；乐三脱门④，不乐非时；乐近同学，乐于非同学中，心无恚碍；乐将护恶知识，乐亲近善知识；乐心喜清净，乐修无量道品之法。是为菩萨法乐。'

"于是波旬告诸女言：'我欲与汝俱还天宫。'诸女言：'以我等与此居士，有法乐，我等甚乐，不复乐五欲乐也。'魔言：'居士可舍此女？一切所有施于彼者，是为菩萨。'维摩诘言：'我已舍矣，汝便将去，令一切众生得法愿具足。'于是诸女问维摩诘：'我等云何，止于魔宫？'维摩诘言：'诸姊，有法门名无尽灯，汝等当学！无尽灯者，譬如一灯，燃百千灯，冥者皆明，明终不尽。如是，诸姊，夫一菩萨开导百千众生，令发阿耨多罗三藐三菩提心，于其道意亦不灭尽，随所说法，而自增益一切善法，是名无尽灯也。汝等虽住魔宫，以是无尽灯，令无数天子天女，发阿耨多罗三藐三菩提心者，为报佛恩，亦大饶益一切众生。'尔时，天女头面礼维摩诘足，随魔还宫，忽然不现。世尊，维摩诘有如是自在神力，智慧辩才，故我不任诣彼问疾！"

[注释]

① 波旬：即魔波旬，是六欲天魔王的名字，意译为杀者、极恶。能断人行善之因，故名杀者；违背佛的教导，扰乱僧人的安隐，罪大恶极，因此又名极恶。

② 帝释：即忉利天王，居须弥山之顶喜见城，统领其他三十二天（忉利天意译即三十三天），梵名释迦提桓因陀罗，简称释提桓因，又名憍尸迦。

③ 善来：印度人对来访的客人表示热烈欢迎的习惯用语。

④ 三脱门：即空、无相、无愿，或者作空、无想、无作，出此三者，可以通向解脱，故名三脱门。

这一部分展现了维摩诘对在五欲之中修持和传播佛法的深刻理解。

[译文]

佛对持世菩萨说："你去维摩诘那里探问病情吧。"

持世向佛禀报说："世尊，我不能胜任去那里探问病情！为什么呢？回想从前的时候，我正安住于静室中，魔王波旬带领一万二千名天女，样貌如同帝释一般，伴有鼓乐弦歌之音，来到我的处所。魔王波旬与其所统领的眷属稽首我足后，合掌问讯，恭敬站在一边。当时我还以为是帝释呢，就对他说：'善来，憍尸迦，虽然说按照你的福德，你可以获得这样的享受，但也不应当这样恣意享受！应当思维五欲是无常的，将获得善良的美德作为自己的根本追求，利用自己的色身、寿命、钱财修学坚实不朽的佛法。'魔王便对我说：'正直的菩萨，请接受这一万二千名天女，可以用来扫地洒水。'我说：'憍尸迦，不要拿这些不符合佛法规定的东西，勉强我们出家修道之人接受，这对我是不合适的！'话还没有说完，维摩诘来对我说：'不是帝释，是魔王波旬来扰乱你的。'他对魔王说：'这些天女可以送给我，像我这样的人应该是可以接受的。'魔王立即惊慌害怕起来，心中想道：'维摩诘，请不要给我添加烦恼。'便想隐形逃遁，但却无法隐蔽身形，使尽其所有的神通之力仍然不能离开，便听到空中有声音说：'波旬，将天女给他，你才能离开。'魔王因为害怕，勉强将天女送给了维摩诘。

"那时候维摩诘对这些天女说：'魔王波旬将你们送给我，现在你们应当发心希求无上正等正觉。'便根据她们适宜的法门讲说佛法，让她们生起上求佛道的心意。并且说：'你们既然已经发起求道的心意，有佛法的乐趣可以自娱，就不应再喜爱五欲之乐了。'天女们就问：'什么叫佛法的乐趣？'他回答说：'乐于信奉佛法，乐于听闻佛法，乐于供养僧众，乐于远离五欲；乐于将自身的色、受、想、行、识视为仇敌和强盗，乐于将组成自身的地水火风四大看作毒蛇，乐于将身内的感官视为空荡的村落；乐于随时护持修道的意愿，乐于给众生带来丰富的利益，乐于恭敬供养师父；乐于广行施舍，乐于守持戒律；乐于忍受屈辱并保持自心的柔和，乐于殷勤积累为善的根基，乐于修习禅定以保持自心不乱，乐于远离内心的污垢从而使自己变得聪明和智慧；乐于推广和扩大自己的菩提心，乐于降伏一切魔王的眷属，乐于断除各种烦恼，乐于让佛的国土变得清净起来，乐于为了成就三十二相八十种好而修行各种功德；乐于装饰道场；乐于听闻甚深佛法而不生畏难之意；乐于从空、无相、无愿而获得解脱，不乐在不适宜的时间；乐于亲近修学的同道，乐于在那些非同道之中不生恼怒和阻碍；乐于引导和保护见解不正确的人，乐于亲近那些具有正知正见的人；乐于喜爱内心的清净，乐于修习一切道品之法。这就是菩萨的佛法的乐趣。'

"就在那时，魔王波旬对这些天女说：'我想和你们一起回天宫了。'这些天女说：'既然将我们送给了这位居士，这位居士有佛法的乐趣，我们也感到非常快乐，不再喜欢五欲之乐了。'魔王波旬说：'居士能否放弃这些天女？能将自己的一切所有之物施舍他人，就是菩萨。'维摩诘说：'我已经放弃了，你就带她们走吧，让一切众生学习佛法的意愿都能得到满足。'于是各位天女询问维摩诘：'我们应当怎样住在魔宫之中？'维摩诘说：'诸位姊妹，这里有一个法门，名叫无尽灯，你们应当修学！所谓无尽灯，就像一盏灯可以点燃百千盏灯一样，所有的黑暗都能得到照明，而光明本身则是无穷无尽的。如果能这样，诸位姊妹，一菩萨可以开导百千众生，使他们发心希求无上正等正觉，并且使他们保持上求佛道的意愿永不灭尽，随着他们所说的佛法，他们自己的善法也会得到增长和提高，这就是无尽灯。你们虽然住在魔宫之中，利用这一无尽灯法门，可以让无量无数的天界男女都发心希求无上正等正觉，这就是对佛恩最好的报答，也可以让一切众生都获得丰富的利益。'那时候，众位天女以头面礼维摩诘足，随同魔王波旬回转天宫，忽然就不见了。世尊，维摩诘具有如此自在无碍的神通之力，以及智慧辩才，因此我不能胜任去那里探问病情！"

佛告长者子善德："汝行诣维摩诘问疾。"

善德白佛言："世尊，我不堪任诣彼问疾！所以者何？忆念我昔，自于父舍设大施会，供养一切沙门、婆罗门，及诸外道、贫穷、下贱、孤独、乞人，期满七日。时维摩诘来入会中，谓我言：'长者子，夫大施会不当如汝所设，当为法施之会，何用是财施会为？'我言：'居士，何谓法施之会？''法施会者，无前无后，一时供养一切众生，是名法施之会。'曰：'何谓也？'

"'谓以菩提，起于慈心；以救众生，起大悲心；以持正法，起于喜心；以摄智慧，行于舍心；以摄悭贪，起檀波罗蜜；以化犯戒，起尸罗波罗蜜；以无我法，起羼提波罗蜜；以离身心相，起毗梨耶波罗蜜；以菩提相，起禅波罗蜜；以一切智，起般若波罗蜜；教化众生，而起于空；不舍有为法，而起无相；示现受生，而起无作；护持正法，起方便力；以度众生，起四摄法；以敬事一切，起除慢法；于身命财，起三坚法①；于六念②中，起思念法；于六和敬③，起质直心；正行善法，起于净命；心净欢喜，起近贤圣；不增恶人，起调伏心；以出家法，起于深心；以如说行，起于多闻；以无净法，起空闲处；趣向佛慧，起于宴坐；解众生缚，起修行地；以具相好，及净佛土，起福德业；知一切众生心念，如应说法，起于智业；知一切法，不取不舍，入一相门，起于慧业；断一切烦恼、一切障碍、一切不善法，起一切善业；以得一切智慧、一切善法，起于一切助佛道法。如是，善男子，是为法施之会！若菩萨住是法施会者，为大施主，亦为一切世间福田。'

"世尊，维摩诘说是法时，婆罗门众中二百人，皆发阿耨多罗三藐三菩提心。我时心得清净，叹未曾有！稽首礼维摩诘足，即解璎珞价直百千以上之，不肯取。我言：'居士，愿必纳受，随意所与。'维摩诘乃受璎珞，分作二分，持一分施此会中一最下乞人，持一分奉彼难胜如来。一切众会皆见光明国土难胜如来，又见珠璎在彼佛上变成四柱宝台，四面严饰，不相障蔽。时维摩诘现神变已，又作是言：'若施主等心施一最下乞人，犹如如来福田之相，无所分别，等于大悲，不求果报，是则名曰具足法施。'城中一最下乞人，见是神力，闻其所说，皆发阿耨多罗三藐三菩提心。故我不任诣彼问疾。"

如是诸菩萨各各向佛说其本缘，称述维摩诘所言，皆曰："不任诣彼问疾！"

[注释]

① 三坚法：谓修道者如能忘身舍命、丢弃财宝、去其封累，一心一意精进修道，必定获得无极之身、无穷之命、无尽之财，此之三法，虽遭遇天地大火也不会被烧毁，即便世界劫数度尽也不会消失，所以称之为三坚法。

② 六念：指念佛、念法、念僧、念戒、念施、念天。念佛之具足十号，有大慈大悲大光明，神通无量，能拔除众生之苦，自欲与佛一样；念如来所

说一切法，有大功德，乃无上妙药，自欲证之而施与众生；念僧为如来弟子，得无漏法，具足戒定智慧，为世间福田，自亦欲修僧之行；念戒有大势力，能防一切恶，自欲精进持戒；念布施有大功德，既能拔人苦难，且能去己悭贪，自欲以布施普利众生；念诸天有自然之快乐，皆由往昔勤修十善之因，自亦欲勤修善业，以便善因得善果。

③六和敬：僧以和合为义，此和合有二义：一理和，谓同证灭理，这是修行进入见道以上圣者才能达到的境界。二事和，有六种，即身和同住、口和无诤、意和同事、戒和同修、见和同解、利和同均，由此可以使阖寺大众和睦相处，共同成办修道弘教之事业。

这一部分叙述了维摩诘对如法布施的深刻理解。

[译文]

佛对长者之子善德说："你去维摩诘那里探问病情吧。"

善德向佛禀报说："世尊，我不能胜任去那里探问病情！为什么呢？回想从前的时候，我曾经在父亲家中安排了一个广行布施的大法会，供养一切出家修道的沙门、婆罗门，以及各种外道、贫乏穷困、低下卑贱、孤独无依、乞讨活命的人，以七日为圆满之期。那时维摩诘来到布施法会之中，对我说道：'长者之子，举办布施大法会，不应当像你这样安排，而应当安排成布施佛法的大会，这样施舍钱财有什么意思呢？'我问道：'居士，如何才是布施佛法的大会？'维摩诘说：'布施佛法的大会，没有先来后到的区分，可以同时供养一切众生，这就叫作布施佛法的大会。'我问：'什么意思？'

"'就是说，为上求菩提，发起慈无量心；为救度众生，发起悲无量心；为护持正法，生出喜无量心；为获取智慧，践行舍无量心；为破除悭吝和贪婪，实施布施波罗蜜；为教化犯戒者，实施持戒波罗蜜；为体现诸法无我，实施忍辱波罗蜜；为远离身心之相，实施精进波罗蜜；为获得觉悟，实施禅定波罗蜜；为成就一切智，实施般若波罗蜜；为教化一切众生，领悟诸法缘起性空之理；虽不舍弃有为法，但深知实相无相之理；虽显示出有受报而生之事，但却没有故意的因缘造作之事；为护持正法，实行方便施教；为救度众生，实行布施、爱语、利行、同事四摄法；以恭敬之意对待一切，从而破除贡高我慢；能将自己的身体、性命、财富，转化为法身、慧命和法财三种坚固之法；以念佛、念法、念僧、念施、念戒、念天的六念之法，引导众生发起正念；实行六和敬法，保持内心的朴实正直；以正确的心理实行善法，运用正当的方式维持清净正命；保持自心的清净欢喜，亲近位居贤圣的大善知识；不憎恨恶人，发心调伏他们；运用出家之法，培养上求佛道的深重之心；为如说而行，多多听闻佛法；为与世无诤，安居于清静空闲之处；为获得佛的智慧，发心坐禅习定；为使众生从缠缚中解脱出来，发起真实修行；为获得法相的庄严美好和往生净土，发起修行福德之业；了解一切众生心之所念，按照他们的根机讲说佛法，由此发起智业；了解一切法既不应该贪取又不可以舍弃，进入诸法一相无相的法门，由此发起慧业；断除一切烦恼、一切障碍、一切不善之法，发起修行一切善业；为获得一切智慧、一切善法，发心修行一切成就佛道的辅助之法。如上所说，善男子，这才是布施佛法的大会！如果菩萨能够坚持这样举办布施佛法的大会，那么他便是大施主，也是一切世间的福田。'

"世尊，维摩诘说这些佛法的时候，在场的婆罗门众中有二百人都发心希求无上正等正觉。我当时内心也感到非常清净，赞叹从未经历过如此！于是便稽首礼拜于维摩诘足下，当即解下价值百千以上的璎珞，维摩诘不肯接受。我说：'居士，希望务必接受，随意送给别人。'维摩诘于是接受了璎珞饰物，将其分作两份,拿出其中的一份送给大施会中最为卑下的乞丐,拿出另一份奉献给难胜如来。一切与会的大众都看到了光明国土的难胜如来,又都看到了璎珞在那位佛上变成了四根柱子支撑的宝台,四面装饰得非常漂亮,相互之间也没有障蔽。那时维摩诘显现出如此神通变化之后,又这样说道:'如果施主能以平等之心布施一位最为卑贱的乞丐,像对待如来福田一般,无所区别,出于平等不二的大悲心,不希求任何的果报,这就是所谓具足法施。'就连毗耶离城中最为卑贱的乞丐,见到他这样的神变之力,又听到他演说的佛法,都发心希求无上正等正觉。因此我不能胜任去那里探问病情。"

就这样,诸位菩萨各自向佛禀报了他们以前的因缘,叙述称赞维摩诘所说的法门,都说:"不能胜任去那里探问病情!"

维摩诘所说经卷中

文殊师利问疾品第五

尔时，佛告文殊师利①："汝行诣维摩诘问疾。"

文殊师利白佛言："世尊，彼上人者，难为酬对！深达实相，善说法要，辩才无滞，智慧无碍。一切菩萨法式悉知，诸佛秘藏无不得入。降伏众魔，游戏神通②，其慧方便，皆已得度。虽然，当承佛圣旨，诣彼问疾。"于是众中诸菩萨、大弟子、释、梵、四天王，咸作是念："今二大士，文殊师利、维摩诘共谈，必说妙法。"即时八千菩萨、五百声闻、百千天人皆欲随从，于是文殊师利与诸菩萨、大弟子众及诸天人，恭敬围绕，入毗耶离大城。

尔时，长者维摩诘心念："今文殊师利与大众俱来。"即以神力空其室内，除去所有及诸侍者，唯置一床，以疾而卧。

[注释]

① 文殊师利：略称文殊，玄奘译为曼殊室利，意译有妙德、妙首、濡首、敬首、妙吉祥等，与普贤同为释迦牟尼佛之左右胁侍，是佛教智慧的象征。其造型一般为年轻人形象，表佛法智慧如同年轻人一般，朝气蓬勃；顶结五髻，表佛之五智；手持利剑，表佛法智慧犹如利剑，可以断除烦恼；驾狮子之座，表佛法智慧威猛，说法犹如狮吼，百兽震恐。依据《华严经》记载，山西五台山为文殊菩萨道场。

② 游戏神通：戏者自在之义、无碍之义，谓诸佛菩萨游于神通，以度化众生作为自己的娱乐方式。

这一部分叙述文殊师利受命前往维摩诘处探问病情。

[译文]

这时候，佛对文殊师利说："你去维摩诘那里探问病情吧。"

文殊师利向佛禀报说："世尊，与这位上智之人交谈，实在不易！他深刻了解一切诸法的实相，善于解说一切佛法的要点，而且辩才流畅无滞，智慧通达无碍。通晓菩萨所行之法的一切仪式、仪轨，领会佛法经藏最为秘密的精髓。可以降伏一切魔害的障碍，能自由自在地运用神通变化度化众生，具有诸多的方便智慧，达到究竟解脱的境地。尽管如此，我还是应当秉承佛旨，去维摩诘那里探问病情。"于是大众之中的诸位菩萨、诸位大弟子、帝释天王、大梵天王、四大天王等，心中都在暗想："如今两位大士，文殊师利与维摩诘一起交谈，必定会论说奇妙之法。"当时就有八千位菩萨、五百位声闻大弟子，数以百千计的天人，都想跟随前往，于是文殊师利就在众多菩萨、大弟子以及天人等的恭敬围绕之中，进入毗耶离大城。

这时候，维摩诘心中暗想："如今，文殊师利与大众马上就要到我这里来了。"他就运用自己的神通之力，将室内倒腾一空，移除了所有的陈设和侍者，只安置一张床榻，自己病卧其上。

文殊师利既入其舍，见其室空，无诸所有，独寝一床。

时维摩诘言："善来，文殊师利，不来相而来，不见相而见。"

文殊师利言："如是，居士，若来已，更不来；若去已，更不去。所以者何？来者无所从来，去者无所至，所可见者，更不可见。且置是事，居士是疾宁可忍不？疗治有损，不至增乎？世尊殷勤，致问无量。居士是疾，何所因起？其生久如？当云何灭？"

维摩诘言："从痴有爱，则我病生。以一切众生病，是故我病。若一切众生得不病者，则我病灭。所以者何？菩萨为众生故入生死，有生死则有病。若众生得离病者，则菩萨无复病。譬如长者，唯有一子，其子得病，父母亦病。若子病愈，父母亦愈。菩萨如是，于诸众生，爱之若子。众生病则菩萨病，众生病愈，菩萨亦愈。又言是疾，何所因起？菩萨疾者，以大悲起。"

[注释]

这一部分叙述了文殊师利与维摩诘见面时的情形。

[译文]

文殊师利走进维摩诘家中，房间里空空如也，没有什么东西了，他独自一人躺在床上。

这时维摩诘说："欢迎，文殊师利，你人纵不来实已到来，人纵未见实已相见。"

文殊师利说："正是如此，居士，如果我已经来过这里了，便不再来这里；如果我已经离开过这里，便不再度离开这里。为什么呢？因为来到这里并不是从某处来，离开这里也不是到某处去，可以见到的，不可以再一次见到。这些事情暂且放下不说，居士所患疾病还能够忍受吗？经过治疗有所减轻，不至有所加重吧？世尊对此极为关心，让我向您表达他的无限关怀。居士所患疾病，是因何而起？已经病了多久了？应当怎样消除呢？"

维摩诘回答说："由于愚痴的缘故，产生贪爱之心，于是我这疾病也就产生了。因为一切众生都有疾病，所以我也罹患疾病。如果一切众生病患得除，那么我的疾病也就消除了。为什么呢？菩萨为了救度众生可以进入生死苦海之中，既然有了生死，那么就会有疾病。如果众生得以从疾病中解脱出来，那么菩萨也不罹患疾病了。这就好像年纪高迈的长者，只有一个儿子，如果儿子罹患疾病，那么父母也会病倒。如果儿子疾病痊愈，那么父母也会痊愈。菩萨也是这样，对于众生，就像爱护自己的儿子一样。如果众生罹患疾病，那么菩萨也会罹患疾病；如果众生的疾病痊愈了，那么菩萨的疾病也就痊愈了。还有，问我这疾病是什么原因造成的？菩萨之所以罹患疾病，是由其怀有悲悯一切众生苦难的大悲心引起的。"

文殊师利言："居士，此室何以空无侍者？"

维摩诘言："诸佛国土亦复皆空。"

又问："以何为空？"

答曰："以空空。"

又问："空何用空？"

答曰："以无分别空故空。"

又问："空可分别耶？"

答曰："分别亦空。"

又问："空当于何求？"

答曰："当于六十二见中求。"

又问："六十二见当于何求？"

答曰："当于诸佛解脱中求。"

又问："诸佛解脱当于何求？"

答曰："当于一切众生心行中求。又仁所问：'何无侍者？'一切众魔及诸外道，皆吾侍也。所以者何？众魔者乐生死，菩萨于生死而不舍；外道者乐诸见，菩萨于诸见而不动。"

[注释]

这一部分论述了维摩诘对空的理解。

[译文]

文殊师利说:"居士,这室中为什么空空如也,连个侍应之人也没有呢?"

维摩诘说:"诸佛如来的国土也都是空空如也。"

文殊师利又问:"怎么样才能空诸一切呢?"

维摩诘回答道:"运用'空'来示现'空'。"

文殊师利又问:"既然已经'空'了,怎么还能运用'空'呢?"

维摩诘回答道:"因为对空没有加以分别,所以空便呈现出了空相。"

文殊师利又问:"难道空还可以加以分别吗?"

维摩诘回答道:"分别也是空的。"

文殊师利又问:"应当在什么地方求得空呢?"

维摩诘回答道:"应当在六十二种邪见中寻求。"

文殊师利又问:"六十二种邪见又应当在什么地方寻求呢?"

维摩诘回答道:"应当在诸佛如来的解脱中寻求。"

又问:"诸佛如来的解脱又应当在什么地方寻求呢?"

维摩诘回答道:"应当在一切众生内心的思维考虑中寻求。还有,你问:'我这室中为什么连个侍应之人也没有?'其实一切魔众和各种外道都是我的侍应之人。为什么是这样呢?因为所有的魔众都耽乐于生死轮回之中,但菩萨能够安处于生死轮回之中而不厌弃;各种外道都非常喜欢种种邪见,但菩萨能够不为各种邪见所倾动。"

文殊师利言:"居士所疾,为何等相?"

维摩诘言:"我病无形,不可见。"

又问:"此病身合耶?心合耶?"

答曰:"非身合,身相离故;亦非心合,心如幻故。"

又问:"地大、水大、火大、风大,于此四大,何大之病?"

答曰:"是病非地大,亦不离地大;水、火、风大,亦复如是。而众生病,从四大起,以其有病,是故我病。"

[注释]

这一部分叙述了维摩诘对疾病与身体关系的看法。

[译文]

文殊师利说:"居士所患的疾病,都有什么症状呢?"

维摩诘说:"我所得的疾病没有什么症状,因此看不见。"

文殊师利又问:"这种疾病是从身体上得的呢,还是从自心上得的呢?"

维摩诘回答道:"不是从身体上得的,因为身体本就表现为各种组成要素的相互区别;也不是从自心上得的,因为自心的各种感受、思念、考虑、分别等本来都是虚幻不实的。"

文殊师利又问:"身体是由地大、水大、火大、风大四大构成的,于此四大之中,是哪一大罹患了疾病呢?"

维摩诘回答道:"这疾病不在地大,也不脱离地大;与水大、火大、风大的关系,也都是这样。一切众生罹患的疾病,都缘起于四大,正是因为他们罹患疾病,所以我才罹患了疾病。"

尔时,文殊师利问维摩诘言:"菩萨应云何慰喻①有疾菩萨?"

维摩诘言:"说身无常,不说厌离于身;说身有苦,不说乐于涅槃;说身无我,而说教导众生;说身空寂,不说毕竟寂灭;说悔先罪，而不说入于过去；以己之疾，悯于彼疾；当识宿世无数劫苦，当念饶益一切众生；忆所修福，念于净命②，勿生忧恼，常起精进；当作医王，疗治众病。菩萨应如是慰喻有疾菩萨，令其欢喜。"

[注释]

① 慰喻：安慰、开导之意。
② 净命：即正命，指按照佛教规范以清净正当方式维持自己的生命存续。这一部分论述了维摩诘对如何安慰、开导有疾菩萨的看法。

[译文]

这时候，文殊师利问维摩诘说："菩萨应该如何安慰、开导那些有病的菩萨呢？"

维摩诘说："说身体是无常的，但不要说厌离身体；说身体是有苦的，但不要说乐于趣向涅槃寂静；说身体是无我的，但要表明这是在教化和引导众生；说身体是空寂的，但不应说最终都将消归于寂灭之中；说忏悔过去所造的罪业，但不应说重回过去；菩萨因为自己经历了罹患疾病的痛苦，所以怜悯其他人的疾病；菩萨应当认识到在过去世中，自己遭受过无数劫的苦难，因此应当给一切众生带来丰富的利益；回忆从前所修的各种福德因缘，考虑一定要运用符合佛教规范的清净正当方式维持自身生命的存续，心中不要产生忧愁烦恼，要经常鼓起精神，努力精进；应当作为大医王，疗治众生的病苦。菩萨应当像如上所说的那样去安慰、开导身患疾病的菩萨，使其内心产生出无量欢喜的情愫来。"

文殊师利言："居士，有疾菩萨云何调伏其心？"

维摩诘言："有疾菩萨应作是念：'今我此病，皆从前世妄想颠倒诸烦恼生，无有实法，谁受病者？所以者何？四大合故，假名为身。四大无主，身亦无我。又此病起，皆由著我。是故于我，不应生著。'既知病本，即除我想及众生想，当起法想。应作是念：'但以众法，合成此身。起唯法起，灭唯法灭。又此法者，各不相知，起时不言我起，灭时不言我灭。'彼有疾菩萨为灭法想，当作是念：'此法想者，亦是颠倒。颠倒者即是大患，我应离之。'云何为离？离我、我所。云何离我、我所？谓离二法。云何离二法？谓不念内外诸法，行于平等。云何平等？谓我等、涅槃等。所以者何？我及涅槃，此二皆空。以何为空？但以名字故空。如此二法，无决定性。得是平等，无有余病；唯有空病，空病亦空。是有疾菩萨以无所受而受诸受，未具佛法，亦不灭受而取证也。设身有苦，念恶趣众生，起大悲心。我既调伏，亦当调伏一切众生。但除其病，而不除法，为断病本而教导之。何谓病本？谓有攀缘，从有攀缘，则为病本。何所攀缘？谓之三界。云何断攀缘？以无所得。若无所得，则无攀缘。何谓无所得？谓离二见。何谓二见？谓内见外见，是无所得。文殊师利，是为有疾菩萨调伏其心，为断老病死苦，是菩萨菩提。若不如是，己所修治，为无慧利。譬如胜怨，乃可为勇。如是兼除老病死者，菩萨之谓也。

[注释]

在这一部分中，维摩诘主张罹患疾病的菩萨应当以体会身空、远离颠倒、断除攀援的方式调伏其心。

[译文]

文殊师利说："居士，罹患疾病的菩萨应当怎样调和、制伏其心呢？"

维摩诘说："罹患疾病的菩萨应当这样考虑：'现在我所罹患

的疾病，都是由于前世的虚妄想法、颠倒见解以及各种烦恼而产生的，没有什么真实之法，那么是谁罹患疾病呢？为什么呢？地、水、火、风，四大和合，姑且称为身体。四大之中并没有一个主宰者，身体中也没有一个主宰者。这疾病的生起，都是因为执着于有一个真实的自我。因此对于所谓的自我，不应产生执着之心。'既然了解到疾病的根源所在，也就破除了关于自我及众生为实有的想法，应当生起如法的想法。应当这样考虑：'仅仅是因为诸法和合生成，才有了这个身体。其形成是由于诸法和合而形成，其消亡是由于诸法离散而消亡。还有，这里所谓诸法，相互之间并无隶属关系，生起时不会说我要生起了，散灭时不会说我要散灭了。'罹患疾病的菩萨为了破除对诸法的执着，应当这样考虑：'这里所谓的如法之想，实际上也是一种颠倒之想。颠倒之想就是祸患，所以我必须远离此想。'怎样实现远离呢？就是远离主体自我以及主体自我所拥有的一切。如何远离主体自我以及主体自我所拥有的一切呢？即远离二法。那么如何实现远离二法呢？就是不系念、思维自心及外界的一切诸法，平等看待事物。怎样实现平等呢？就是平等看待自我、涅槃。为什么呢？因为自我与涅槃，两者本性都是空的。为什么说本性是空的？因为两者都不过是名字，所以是空的。这两种法，自身都没有内在的决定性。获得这种平等，就不会再有别的什么疾病了；只剩执着于空的疾病了，而空病的本性也是空的。这就是罹患疾病的菩萨以无所感受的心情去感受各种感受，虽然不能圆满具足佛法，但也不会灭除各种感受而证取涅槃境界。假设自身有苦，就会思念趣向恶道的众生，生起大悲心。自己已经调和身口意业，制伏各种恶行，也应当使一切众生的身口意业都得到调和，各种恶行都得到制伏。这里只是消除病根，不消除一切诸法，为了彻底断除病根，对其进行教导。什么是病根呢？就是内心有所攀缘，自从内心有所攀缘，就有了病根。攀缘什么呢？就是攀缘欲界、色界、无色界。如何断除攀缘之心呢？就是要无所得。如果能达到无所得的境界，那么就没有攀缘之心了。怎样才能达到无所得呢？就是要远离两种执着之见。哪两种执着之见？就是执着于内在的有我之见、外在的有法之见，消除了对内、外二见的执着，就是无所得。文殊师利，这就是罹患疾病的菩萨调伏自心的方法，可以断除衰老、疾病、死亡所造成的诸种痛苦，是菩萨的觉悟之道。如果不能这样，自己即使修行和对治一切，也不会获得智慧利益。就像彻底战胜怨敌，才算是勇敢一样。能够兼为众生消除衰老、疾病、死亡等各种痛苦，才能称得上是菩萨。

"彼有疾菩萨应复作是念：'如我此病非真非有，众生病亦非真非有。'作是观时，于诸众生，若起爱见大悲①，即应舍离。所以者何？菩萨断除客尘烦恼而起大悲。爱见悲者，则于生死有疲厌心。若能离此，无有疲厌，在在所生，不为爱见之所覆也。所生无缚，能为众生说法解缚，如佛所说：'若自有缚，能解彼缚，无有是处。若自无缚，能解彼缚，斯有是处。'是故菩萨不应起缚。何谓缚？何谓解？贪著禅味，是菩萨缚；以方便生，是菩萨解。又无方便慧缚，有方便慧解；无慧方便缚，有慧方便解。何谓无方便慧缚？谓菩萨以爱见心庄严佛土、成就众生，于空、无相、无作法中，而自调伏，是名无方便慧缚。何谓有方便慧解？谓不以爱见心庄严佛土、成就众生，于空、无相、无作法中，以自调伏而不疲厌，是名有方便慧解。何谓无慧方便缚？谓菩萨住贪欲、瞋恚、邪见等诸烦恼，而植众德本，是名无慧方便缚。何谓有慧方便解？谓离诸贪欲、瞋恚、邪见等诸烦恼，而植众德本，回向阿耨多罗三藐三菩提，是名有慧方便解。文殊师利，彼有疾菩萨，应如是观诸法，又复观身无常、苦、空、非我，是名为慧；虽身有疾，常在生死，饶益一切，而不厌倦，是名方便。又复观身，身不离病，病不离身，是病是身，非新非故，是名为慧；设身有疾，而不永灭，是名方便。

[注释]

① 爱见大悲：凡夫众生有执着于贪爱和邪见而形成的大悲之心，是不纯粹的、应当舍离的大悲之心。

在这一部分中，维摩诘提出了破除爱见大悲、运用智慧方便、获得真实解脱的主张。

[译文]

"罹患疾病的菩萨应当这样思忖：'如我所患的疾病并非真实存在，一切众生所患的疾病也都不是真实存在的。'罹患疾病的菩萨如此思忖的时候，如果众生因执着于贪爱和邪见而生起大悲之心，就应当立即舍离此心。为什么呢？菩萨应当是断除外在事物引起的烦恼而生起大悲之心的。如果因为执着于贪爱和邪见而生起大悲之心，那么就会对生死流转产生疲劳和厌烦的想法。如果能远离爱见大悲，便不会产生疲劳和厌烦的想法，无论降生何处，都不会被贪爱和邪见所蒙蔽。菩萨只有在生死之中没有缠缚，才能为众生讲说佛法，解脱其缠缚，正如佛所说的那样：'如果自己还有缠缚，能为他人解脱缠缚，没有这样的道理。如果自己身无缠缚，能为他人解脱缠缚，这样才有道理。'因此，菩萨不应该自己生起缠缚。什么是缠缚？什么是解脱？贪恋执着于禅定滋味的美妙，就是菩萨的缠缚；随顺教化众生的方便而示现受生，就是菩萨的解脱。还有，没有方便智慧就是缠缚，具有方便智慧就是解脱；没有智慧方便就是缠缚，具有智慧方便就是解脱。为什么说没有方便智慧就是缠缚呢？就是说菩萨出于贪爱和邪见的执着之心庄严佛土、成就众生，于空、无相、无作三解脱门中自行调伏其心，这就叫无方便智慧就是缠缚。为什么说有方便智慧就是解脱呢？就是说菩萨不是出于贪爱和邪见的执着之心庄严佛土、成就众生，于空、无相、无作三解脱门中自行调伏其心而不疲劳和厌烦，这就叫有方便智慧就是解脱。为什么说无智慧方便就是缠缚呢？就是说菩萨停留在贪欲、瞋恚、邪见等各种烦恼之中，而培植了众多功德的根本，这就叫无智慧方便就是缠缚。为什么说有智慧方便就是解脱呢？就是说菩萨能够远离贪欲、瞋恚、邪见等各种烦恼，而培植了众多功德的根本，并回向于无上正等正觉，这就叫有智慧方便就是解脱。文殊师利，那些罹患疾病的菩萨，应当这样观察思维一切诸法，同时还要观察思维身是无常、有生即苦、一切皆空、诸法无我，这就是智慧；虽然身体罹患疾病，经常在生死流转之中给一切众生带来利益，而不厌烦和疲倦，这就叫方便。还有，在观察思维身体之时，深知身体不离疾病，疾病不离身体，这个身体与这种疾病，既非新生，亦非旧有，这就是智慧；即便是身体罹患疾病，也不取证涅槃，进入永久的寂灭之中，这就是方便。

"文殊师利，有疾菩萨应如是调伏其心，不住其中，亦复不住不调伏心。所以者何？若住不调伏心，是愚人法；若住调伏心，是声闻法。是故菩萨不当住于调伏、不调伏心，离此二法，是菩萨行。在于生死不为污行，住于涅槃不永灭度，是菩萨行；非凡夫行，非贤圣行，是菩萨行；非垢行，非净行，是菩萨行；虽过魔行，而现降伏众魔，是菩萨行；求一切智，无非时求，是菩萨行；虽观诸法不生，而不入正位①，是菩萨行；虽观十二缘起，而入诸邪见，是菩萨行；虽摄一切众生，而不爱著，是菩萨行；虽乐远离，而不依身心尽，是菩萨行；虽行三界，而不坏法性，是菩萨行；虽行于空，而植众德本，是菩萨行；虽行无相，而度众生，是菩萨行；虽行无作，而现受身，是菩萨行；虽行无起，而起一切善行，是菩萨行；虽行六波罗蜜，而遍知众生心、心数法②，是菩萨行；虽行六通，而不尽漏，是菩萨行；虽行四无量心，而不贪著生于梵世，是菩萨行；虽行禅定解脱三昧，而不随禅生，是菩萨行；虽行四念处③，不毕竟永离身受心法，是菩萨行；虽行四正勤，而不舍身心精进，是菩萨行；虽行四如意足，而得自在神通，是菩萨行；虽行五根，而分别众生诸根利钝，是菩萨行；虽行五力，而乐求佛十力，是菩萨行；虽行七觉分，而分别佛之智慧，是菩萨行；虽行八正道，而乐行无量佛道，是菩萨行；虽行止观助道之法，而不毕竟堕于寂灭，是菩萨行；虽行诸法不生不灭，而以相好庄严其身，是菩萨行；虽现声闻、辟支佛威仪，而不舍佛法，是菩萨行；虽随诸法究竟净相，而随所应为现其身，是菩萨行；虽观诸佛国土永寂如空，而现种种清净佛土，是菩萨行；虽得佛道转于法轮，入于涅槃，而不舍于菩萨之道，是菩萨行。"

说是语时，文殊师利所将大众，其中八千天子皆发阿耨多罗三藐三菩提心。

[注释]

① 正位：小乘以涅槃为正位，入正位即取证无余涅槃之意。

② 心数法：心所之法，其数众多，故名心数。玄奘译为心所有法。

③ 四念处：又名四念住，即身念处、受念处、心念处、法念处。身念

处是观身不净,受念处是观受是苦,心念处是观心无常,法念处是观法无我。此四种观法皆以智慧为体,以慧观之力,将心安住在道法上,使之正而不邪。

在这一部分中,维摩诘阐述了菩萨应当远离二边而行菩萨行的主张。

[译文]

"文殊师利,罹患疾病的菩萨应该这样调伏自心,既不停留在自心的调伏状态中,又不停留在自心的不调伏状态中。为什么呢?如果停留于自心不调伏的状态之中,那么就是愚痴之人的行法;如果停留在自心调伏的状态之中,那么就是小乘声闻的行法。因此,菩萨既不应当停留于自心调伏的状态,也不应当停留于自心不调伏的状态,远离这两种状态,才是菩萨的行法。菩萨在生死流转中没有任何玷污清净的行为,在寂静涅槃中没有进入永久的寂灭状态,才是菩萨的行法;既不是愚痴凡夫的行法,也不是二乘贤圣的行法,才是菩萨的行法;既不是世间污秽不堪的行法,也不是出世间清净无染的行法,才是菩萨的行法;虽然超过各种魔行,但仍示现降伏众魔的事迹,才是菩萨的行法;虽然追求一切智的果报,但不作不合时宜的追求,才是菩萨的行法;虽然能够观察思维诸法的寂静无生,但不取取证无余涅槃的正位,才是菩萨的行法;虽然能够观照十二缘起,但是可以进入种种邪见之中,才是菩萨的行法;虽然摄受一切众生,但又不生爱著之心,才是菩萨的行法;虽然乐于远离生死世间,但又不依赖灭尽身心,才是菩萨的行法;虽然活动于欲界、色界、无色界三界之中,但不损坏诸法空寂的本性,才是菩萨的行法;虽然修行空解脱的法门,但又培植了众多功德的根本,才是菩萨的行法;虽然修行无相解脱的法门,但仍然救度一切众生,才是菩萨的行法;虽然修行无作解脱的法门,但又在世间示现受生之身,才是菩萨的行法;

虽然修行不起心动念之法，但又能发起种种善行，才是菩萨的行法；虽然修行六度波罗蜜，但却遍知众生的内心及其所思所想，才是菩萨的行法；虽然修行六种神通之法，但不实践漏尽神通，才是菩萨的行法；虽然修行四无量心，但不贪恋执着往生于清净梵天，才是菩萨的行法；虽然修行四禅八定、八解脱、三昧，但不随禅定之力而往生，才是菩萨的行法；虽然修行四念处法，但又不追求毕竟永离身受心法，才是菩萨的行法；虽然修行四正勤，但并不放弃身心的努力精进，才是菩萨的行法；虽然修行欲、念、精进、慧四如意足，但却能自在运用其神通，才是菩萨的行法；虽然修行信、精进、念、定、慧五根，但却善于分别众生各种根机的利钝，才是菩萨的行法；虽然修行信、精进、念、定、慧五力，但更乐于追求佛之十力，才是菩萨的行法；虽然修行念、择、精进、喜、除、定、舍等七觉分，但能分别佛所具有的智慧，才是菩萨的行法；虽然修行八正道，但更乐于修行无量佛道，才是菩萨的行法；虽然修行止观等辅助成就佛道的行法，但并不堕入毕竟寂灭的境界，才是菩萨的行法；虽然奉行一切诸法不生不灭，但又以种种美好的法相庄严自身，才是菩萨的行法；虽然示现声闻、辟支佛的威仪，但并不舍弃佛法，才是菩萨的行法；虽然可以随顺诸法究竟的清净之相，但又能随相应众生之所宜而示现合适的身相，才是菩萨的行法；虽然观照诸佛如来的国土永远寂灭如同虚空，但又能示现种种清净的佛土，才是菩萨的行法；虽然已经获得佛道，可以转法轮，入涅槃，但又不舍菩萨之道，才是菩萨的行法。"

维摩诘演说这些佛法之时，文殊师利带来的大众之中，其中有八千天人都发心追求无上正等正觉。

不思议品第六

尔时,舍利弗见此室中无有床座,作是念:"斯诸菩萨、大弟子众,当于何坐?"

长者维摩诘知其意,语舍利弗言:"云何仁者,为法来耶?求床座耶?"

舍利弗言:"我为法来,非为床座。"

维摩诘言:"唯,舍利弗,夫求法者,不贪躯命,何况床座!夫求法者,非有色、受、想、行、识之求,非有界、入之求,非有欲、色、无色之求。唯,舍利弗,夫求法者,不著佛求,不著法求,不著众求;夫求法者,无见苦求,无断集求,无造尽证修道之求。所以者何?法无戏论①。若言我当见苦、断集、证灭、修道,是则戏论,非求法也。唯,舍利弗,法名寂灭,若行生灭,是求生灭,非求法也;法名无染,若染于法,乃至涅槃,是则染著,非求法也;法无行处,若行于法,是则行处,非求法也;法无取舍,若取舍法,是则取舍,非求法也;法无处所,若著处所,是则著处,非求法也;法名无相,若随相识,是则求相,非求法也;法不可住,若住于法,是则住法,非求法也;法不可见闻觉知,若行见闻觉知,是则见闻觉知,非求法也;法名无为,若行有为,是求有为,非求法也。是故,舍利弗,若求法者,于一切法,应无所求。"

说是语时,五百天子于诸法中得法眼净。

[注释]

① 戏论:指不合道理、没有意义的言论,或者不问合理与否一概予以破斥的言论。

在这一部分中,维摩诘阐述了关于如何求法的理解。

[译文]

这时候,舍利弗看到维摩诘室中没有床座,心里暗想:"这些大菩萨、大弟子如此众多,应当坐在哪儿呢?"

长者维摩诘知道他心中的想法,对舍利弗说:"想什么呢,仁者,你是为法而来呢,还是为床座而来呢?"

舍利弗说:"我是为求法而来,不是为了求得床座。"

维摩诘说:"喂,舍利弗,求法之人,连身躯性命都不贪恋,何况是床座呢!求法之人,所追求的不是色、受、想、行、识,不是十八界、十二入,也不在欲界、色界、无色界。喂,舍利弗,求法之人不执着于佛而求,不执着于法而求,不执着于僧众而求;求法之人不执着于体会到有生是苦而求,不执着于断除苦集之因而求,不执着于为证得究竟寂灭而修行八正道而求。为什么呢?佛法不是无意义的戏论。如果说我应当体会到有生皆苦、断除掉烦恼集因、证得究竟的寂灭、修行八正道,那么就成了戏论,就不是求佛法了。喂,舍利弗,佛法即寂灭,如果心中思维于生灭,便是求生灭,而非求佛法了;佛法即没有污染,如果被佛法污染了,即使是涅槃,也就成为污染执着,而非求佛法了;佛法即无行处,如果心攀缘于法,便是心有行处,而非求佛法了;佛法即无取舍,如果对法有贪取和舍弃,也就成了取此舍彼,而非求佛法了；佛法即无处所，如果执着于处所，也就成了执着于特定的处所，而非求佛法了；佛法即无相，如果随逐事物的表相并加以区别，也就成了希求表相，而非求佛法了；佛法即不可住，如果将心停留在某种法上，也就成了执着于某种法，而非求佛法了；佛法即不可见闻觉知，如果运用见闻觉知，也就成了见闻觉知，而非求拂法了；佛法即无为，如果内心思虑有所作为，也就成了希求有所作为，而非求佛法了。因此，舍利弗，如果是求佛法的人，那么对于一切诸法，都应当无所希求。"

维摩诘说这番话时，有五百名天人在诸法中证得了清净法眼。

尔时，长者维摩诘，问文殊师利："仁者游于无量千万亿阿僧祇①国，何等佛土有好上妙功德成就师子之座？"

文殊师利言："居士，东方度三十六恒河沙②国，有世界名须弥相，其佛号须弥灯王，今现在。彼佛身长八万四千由旬③，其师子座高八万四千由旬，严饰第一。"

于是长者维摩诘现神通力，即时彼佛遣三万二千师子座，高广严净，来入维摩诘室。诸菩萨、大弟子、释、梵、四天王等，昔所未见。其室广博，悉皆包容三万二千师子座，无所妨碍；于毗耶离城，及阎浮提四天下，亦不迫迮，悉见如故。

尔时，维摩诘语文殊师利："就师子座，与诸菩萨上人俱坐，当自立身，如彼座像。"

其得神通菩萨，即自变形为四万二千由旬，坐师子座，诸新发意菩萨及大弟子皆不能升。

尔时，维摩诘语舍利弗："就师子座。"

舍利弗言："居士，此座高广，吾不能升。"

维摩诘言:"唯,舍利弗,为须弥灯王如来作礼,乃可得坐。"

于是新发意菩萨及大弟子即为须弥灯王如来作礼,便得坐师子座。

[注释]

① 阿僧祇:印度数目词,意译为无数,或作无央数,谓其数目巨大,大到没有数目可以计算。

② 恒河沙:恒河是印度的一条大河,河中多沙,佛说法时,每以恒河沙来形容数量极多。

③ 由旬:印度计程数目词,音译又作俞旬、揄旬、由延、逾阇那、逾缮那等,为帝王一日行走的里程,或云四十里,或云三十里。

这一部分叙述了维摩诘运用其神通之力从须弥灯王佛处借来师子座。

[译文]

这时候,长者维摩诘问文殊师利:"仁者曾经游历过无量千万亿无数的佛国,哪一处佛土有美好至上妙善功德所成就的师子宝座呢?"

文殊师利说:"居士,向东方越过三十六恒河沙数的国土,有一处世界名须弥相世界,其佛号须弥灯王佛,如今依然在世。彼佛身长八万四千由旬,其师子座高八万四千由旬,庄严美好,堪称第一。"

于是,长者维摩诘显现出神通之力,当时就使须弥灯王佛送来了三万二千师子座,既高大宽敞又庄严净洁,都安放在维摩诘室中。各位菩萨、大弟子、帝释天、大梵天、四天王等,从来都没见过这种景象。维摩诘的居室广阔博大,完全容纳下三万二千师子座,没有任何妨碍;对于毗耶离城、阎浮提世界以及四天下,也没有感受到局促和狭窄,看到的都如同原来的一样。

这时，维摩诘对文殊师利说："请就师子座，与各位菩萨上人一起都请就师子座，诸位应当立身如师子座一样高大。"

那些已经获得神通的菩萨，就将自身变化成四万二千由旬，坐在师子座上，而那些新近才发菩提心的菩萨以及诸大弟子们，都不能上升就座。

这时，维摩诘对舍利弗说："请就师子座。"

舍利弗说："居士，这座位高大广博，我不能上升就座。"

维摩诘说："喂，舍利弗，请向须弥灯王如来致敬行礼，这样就可以就座了。"

于是那些新发菩提心的菩萨以及大弟子，就向须弥灯王如来致敬行礼，便得以坐在师子座上。

舍利弗言："居士，未曾有也，如是小室，乃容受此高广之座！于毗耶离城，无所妨碍，又于阎浮提聚落、城邑，及四天下诸天、龙王、鬼神宫殿，亦不迫迮。"

维摩诘言："唯，舍利弗，诸佛菩萨，有解脱名不可思议。若菩萨住是解脱者，以须弥之高广内①芥子②中，无所增减，须弥山王本相如故，而四天王、忉利诸天不觉不知己之所入，唯应度者乃见须弥入芥子中，是名不可思议解脱法门。又以四大海水入一毛孔，不娆鱼、鳖、鼋、鼍水性之属，而彼大海本性如故，诸龙、鬼神、阿修罗等不觉不知己之所入，于此众生亦无所娆。又，舍利弗，住不可思议解脱菩萨，断取三千大千世界，如陶家轮③，著右掌中，掷过恒河沙世界之外，其中众生，不觉不知己之所往。又复还置本处，都不使人有往来想，而此世界本相如故。又，舍利弗，或有众生乐久住世而可度者，菩萨即演七日以为一劫，令彼众生谓之一劫；或有众生不乐久住而可度者，菩萨即促一劫以为七日，令彼众生谓之七日。又，舍利弗，住不可思议解脱菩萨以一切佛土严饰之事，集在一国，示于众生。又菩萨以一佛土众生置之右掌，飞到十方，遍示一切，而不动本处。又，舍利弗，十方众生供养诸佛之具，菩萨于一毛孔，皆令得见。又十方国土所有日、月、星宿，于一毛孔普使见之。又，舍利弗，十方世界所有诸风，菩萨悉能吸著口中，而身无损，外诸树木，亦不摧折。又十方世界劫尽烧时，以一切火内于腹中，火事如故，而不为害。又于下方过恒河沙等诸佛世界，取一佛土，举著上方，过恒河沙无数世界，如持针锋，举一枣叶，而无所娆。又，舍利弗，住不可思议解脱菩萨，能以神通现作佛身，或现辟支佛身，或现声闻身，或现帝释身，或现梵王身，或现世主身，或现转轮圣王身。又十方世界所有众声，上中下音，皆能变之，令作佛声，演出无常、苦、空、无我之音，及十方诸佛所说种种之法，皆于其中普令得闻。舍利弗，我今略说菩萨不可思议解脱之力，若广说者，穷劫不尽。"

[注释]

① 内：通"纳"。

② 芥子：芥菜种子体积微小，故佛教经典中经常用来比喻极微之物，与毛孔、针锋类似。

③ 陶家轮：制陶匠人使用的转轮。

在这一部分中，维摩诘向舍利弗解说了菩萨住不可思议解脱法门的种种神通变化。

[译文]

舍利弗说："居士，这真是从没有过的事情，这么小的居室，竟然可以容得下这些高大广博的座位！对于毗耶离城也没有什么妨碍，也没有使阎浮提世界的聚居村落、城市都邑，以及四天下诸多天王、龙王、鬼神的宫殿显得局促狭窄。"

维摩诘说："喂，舍利弗，诸佛菩萨有一种解脱，名叫不可思议。如果菩萨进入这种解脱境界，就可以将须弥山的高大广博纳入微小的芥子之中，芥子没有增大，须弥山也没有减小，须弥山的本相依然如故，而四大天王、忉利诸天没有察觉也没有感知到自己进入了芥子之中，只有那些应该以此得到度化的众生才能看见须弥山被纳入芥子之中，这就是不可思议解脱法门。还有，将四大海的海水置入一个细微的毛孔之中，毫不妨碍其中鱼、鳖、鼋、鼍之类的水生动物，而大海的本性也依然如故，各种龙、神、鬼、阿修罗等没有觉察也没有感知到自己进入了毛孔之中，对于这些众生也没有产生什么影响。还有，舍利弗，那些进入不可思议解脱境界的菩萨，断取三千大千世界，就像制陶工匠在陶轮上玩泥巴一样，放置在右掌之中，将其掷过恒河沙数世界之外，其中的众生没有察觉也没有感知到自己被掷过恒河沙数世界。然后又将此三千大千世界归还安置在本来的地方，没有使人产生有过一番往来的想法，而这个三千大千世界的本相依然如故。还有，舍利弗，如果有些众生乐于久住世间，而且可以由此获得化度，那么菩萨就将七天延长为一劫，使这些众生认为这就是一劫；如果有些众生不乐于久住世间，而且可以由此获得化度，菩萨就将一劫缩短为七天，使这些众生认为这就是七天。还有，舍利弗，进入不可思议解脱境界的菩萨可以将本来是庄严修饰一切佛国的事物，集中起来庄严修饰一个佛国，向众生做出展示。还有，菩萨可以将某一佛土的众生放在右掌之上，飞到十方，展示给一切佛土，但又没有移动其本来的地方。还有，舍利弗，十方世界的众生供养诸佛如来的所有物具，菩萨可以在一毛孔中，使其完全被看到。还有，十方国土所有的日、月、星宿，菩萨可以于一毛孔中使其完全被看到。还有，舍利弗，十方世界的所有大风，菩萨都可以吸入口中，而身体毫无损伤，外界各种树木也没有受到摧折。还有，十方世界在劫数度尽、劫火焚烧之时，菩萨可以将一切劫火纳入腹中，劫火燃烧如故，但菩萨没有受到任何的伤害。还有，菩萨在超过恒河沙数诸佛世界的下方取一国土，向上举起，超越恒河沙数诸佛世界，就像用一枚针尖顶起一枚枣叶一样，对于所有的诸佛世界都无所妨碍。还有，舍利弗，那些达到不可思议解脱境界的菩萨，能够运用神通之力示现为佛身，或者示现为辟支佛身，或者示现为声闻身，或者示现为帝释身，或者示现为梵王身，或者示现为世间国王身，或者示现为转轮圣王身。还有，达到不可思议解脱境界的菩萨，可以将十方世界所有的声音，包括上、中、下音，都变化成佛的声音，演说出无常、苦、空、无我的声音，以及十方诸佛宣讲的种种佛法，都可以让所有的众生从这些声音中听闻到。舍利弗，我现在只是简要说一下菩萨不可思议解脱的神力，如果详尽解说的话，那可是穷尽一劫的世间也说不完。"

是时，大迦叶闻说菩萨不可思议解脱法门，叹未曾有，谓舍利弗："譬如有人于盲者前现众色像，非彼所见。一切声闻，闻是不可思议解脱法门，不能解了，为若此也！智者闻是，其谁不发阿耨多罗三藐三菩提心？我等何为永绝其根，于此大乘，已如败种①！一切声闻，闻是不可思议解脱法门，皆应号泣，声震三千大千世界。一切菩萨应大欣庆，顶受此法。若有菩萨信解不可思议解脱法门者，一切魔众无如之何。"

大迦叶说此语时，三万二千天子皆发阿耨多罗三藐三菩提心。

尔时，维摩诘语大迦叶："仁者，十方无量阿僧祇世界中作魔王者，多是住不可思议解脱菩萨！以方便力，教化众生，现作魔王。又，迦叶，十方无量菩萨，或有人从乞手足耳鼻、头目髓脑、血肉皮骨、聚落城邑、妻子奴婢、象马车乘、金银琉璃、砗磲玛瑙、珊瑚琥珀、真珠珂贝、衣服饮食，如此乞者，多是住不可思议解脱菩萨，以方便力，而往试之，令其坚固。所以者何？住不可思议解脱菩萨，有威德力，故行逼迫，示诸众生，如是难事。凡夫下劣，无有力势，不能如是逼迫菩萨。譬如龙象②蹴踏，非驴所堪，是名住不可思议解脱菩萨智慧方便之门。"

[注释]

① 败种：又谓之为败根，谓声闻、缘觉二乘，入于灰身灭智之涅槃，自认永不成佛，因而譬以败坏之草木根及种子。

② 龙象：梵语那伽，意译为龙，又为象。诸阿罗汉中，修行勇猛，有最大力者，佛教称为龙象。盖水行龙力最大，陆行象力最大，故而佛经引以为喻。

这一部分叙述了大迦叶和维摩诘对不可思议解脱法门的赞扬和推崇。

[译文]

这时，大迦叶听说了菩萨不可思议解脱法门，赞叹前所未闻，对舍利弗说："就像有人在瞎子面前展现种种色相，瞎子是看不到的。一切声闻小乘之人，听说这种不可思议解脱法门，不能了解和通达，就与此一样！有智慧的人听说之后，又有谁不发心希求无上正等正觉呢？我们这些人为什么就永远断绝了大乘之根，对于大乘佛法，就如同败坏的种子一样！一切声闻小乘之人，听说这种菩萨不可思议解脱法门，都应当痛哭号泣，哭声震动三千大千世界。一切菩萨都应当欢欣鼓舞，感到庆幸，恭敬顶礼，接受此法。如果有菩萨信奉理解了此不可思议解脱法门，那么一切魔众都将奈何不了他了。"

大迦叶说这番话时，有三万二千名天人发心希求无上正等正觉。

这时维摩诘对大迦叶说："仁者，那些在十方无量无数世界之中做魔王的，大多是达到不可思议解脱境界的菩萨！他们出于方便之力的缘故，为了教化众生，示现为魔王。还有，迦叶，十方世界中的无量菩萨，时常会有人向他们乞求施舍手足耳鼻、头目髓脑、血肉皮骨、聚落城邑、妻子奴婢、象马车乘、金银琉璃、砗磲玛瑙、珊瑚琥珀、真珠珂贝、衣服饮食，像这样行乞求的人，大多是达到不可思议解脱境界的菩萨，运用方便力去试探十方世界中的菩萨，以便使其慈悲之心更加坚固。为什么呢？达到不可思议解脱境界的菩萨有威德之力，因此可以运用逼迫的方式，向众生显示出这样的难行之事。凡夫下劣之人，没有能力和威势，不能如上所说的那样逼迫菩萨。就好像龙象践踏的气势，不是驴子所能办到的一样，这就是达到不可思议解脱境界的菩萨的智慧方便法门。"

观众生品第七

尔时，文殊师利问维摩诘言："菩萨云何观于众生？"

维摩诘言："譬如幻师[①]，见所幻人，菩萨观众生为若此。如智者见水中月，如镜中见其面像，如热时焰，如呼声响，如空中云，如水聚沫，如水上泡，如芭蕉坚，如电久住，如第五大，如第六阴，如第七情，如十三入，如十九界，菩萨观众生为若此。如无色界色，如焦谷芽，如须陀洹[②]身见，如阿那含入胎，如阿罗汉三毒，如得忍菩萨贪恚毁禁，如佛烦恼习，如盲者见色，如入灭尽定出入息，如空中鸟迹，如石女儿[③]，如化人烦恼，如梦所见已寤，如灭度者受身，如无烟之火，菩萨观众生为若此。"

[注释]

① 幻师：有时又称为幻人、幻士，即能作幻术的人，如魔法师；其所幻化而成的人，称为所幻人。

② 须陀洹：声闻乘有四种果位，即须陀洹果、斯陀含果、阿那含果、阿罗汉果。初果须陀洹，意译为预流，意即初入圣人之流；二果斯陀含，意译为一来，意即修到此果位者，死后升天做一世天人，再降生欲界一次，便不再受欲界生死；三果阿那含，意译为不还，意即修到此果位者，死后不会再降生于欲界之中；四果阿罗汉，意译为无生，意即修到此果位者，解脱生

死,不受后有,为声闻乘之最高果位。

③ 石女儿:即石女之儿,石女指没有女性生殖器官的女人,是不可能生育子女的,因此佛经常以"石女儿"譬喻龟毛兔角之类子虚乌有的事情。

在这一部分中,维摩诘认为众生性空,虚幻不实。

[译文]

这时候,文殊师利问维摩诘:"菩萨如何看待众生?"

维摩诘说:"譬如幻师看待自己所变幻出来的人,菩萨看待众生也是如此。如同有智慧的人看见水中的月影,如同在镜中看见自己的影像,如同热时蒸腾的气焰,如同呼叫声的回响,如同空中飘荡的浮云,如同水中聚集的泡沫,如同水面上的气泡,如同芭蕉心的坚固,如同闪电在空中的长久停留,如同四大之外的第五大,如同五阴之外的第六阴,如同六情之外的第七情,如同十二入之外的第十三入,如同十八界之外的第十九界,菩萨看待众生也是如此。如同无色界的色,如同烧焦的谷种之芽,如同已证须陀洹果者的身见,如同已证阿那含果者的入胎,如同已证阿罗汉者的贪、嗔、痴三毒,如同已证无生忍菩萨的贪著嗔恚、毁犯禁戒,如同佛的烦恼习气,如同瞎子见到的形色,如同已入灭尽定者的出入息,如同空中遗留下来的鸟儿飞过的痕迹,如同石女生育的儿女,如同幻化人生起的烦恼,如同梦见自己的梦醒,如同已入涅槃者的轮回受身,如同无烟之火,菩萨看待众生也是如此。"

文殊师利言:"若菩萨作是观者,云何行慈?"

维摩诘言:"菩萨作是观已,自念:'我当为众生说如斯法。'是即真实慈也。行寂灭慈,无所生故;行不热慈,无烦恼故;行等之慈,等三世故;行无诤慈,无所起故;行不二慈,内外不合①

故；行不坏慈，毕竟尽故；行坚固慈，心无毁故；行清净慈，诸法性净故；行无边慈，如虚空故；行阿罗汉慈，破结贼[2]故；行菩萨慈，安众生故；行如来慈，得如相故；行佛之慈，觉众生故；行自然慈，无因得故；行菩提慈，等一味故；行无等慈，断诸爱故；行大悲慈，导以大乘故；行无厌慈，观空无我故；行法施慈，无遗惜故；行持戒慈，化毁禁故；行忍辱慈，护彼我故；行精进慈，荷负众生故；行禅定慈，不受味故；行智慧慈，无不知时故；行方便慈，一切示现故；行无隐慈，直心清净故；行深心慈，无杂行故；行无诳慈，不虚假故；行安乐慈，令得佛乐故。菩萨之慈，为若此也。"

文殊师利又问："何谓为悲？"

答曰："菩萨所作功德，皆与一切众生共之。"

"何谓为喜？"

答曰："有所饶益，欢喜无悔。"

"何谓为舍？"

答曰："所作福祐，无所悕望。"

[注释]

① 内外不合：眼、耳、鼻、舌、身、意为内六根，色、声、香、味、触、法为外六尘，由于缘起性空，故内六根与外六尘不相和合，是为内外不合。

② 结贼：烦恼郁积，成为心结，如同贼人，能劫功德法财，故而谓之结贼。

在这一部分中，维摩诘阐述了修行慈、悲、喜、舍四无量心的问题。

[译文]

文殊师利问："如果菩萨如此看待众生，那么如何修行慈心呢？"

维摩诘回答道:"菩萨如此看待众生之后,心中思忖:'我应当为众生讲说这样的法门。'这才是真实的修行大慈。修行寂灭慈,因为一切诸法本无所生的缘故;修行不热慈,因为已经没有烦恼的缘故;修行平等慈,因为可以平等看待过去、现在、未来三世的缘故;修行无诤慈,因为内心不再生起任何烦恼邪见的缘故;修行不二慈,因为内六根与外六尘本性空寂、不相和合的缘故;修行不坏慈,因为安住于究竟终极法性的缘故;修行坚固慈,因为道心不可毁坏的缘故;修行清净慈,因为一切诸法本性清净的缘故;修行无边慈,因为慈心如同虚空无边无际的缘故;修行阿罗汉慈,因为能破除结使烦恼贼的缘故;修行菩萨慈,因为可以使众生获得安稳的缘故;修行如来慈,因为可以证得真如实相的缘故;修行佛之慈,因为可以使众生获得觉悟的缘故;修行自然慈,因为不需要造作就能获得成就的缘故;修行菩提慈,因为一切众生平等一味的缘故;修行无等慈,因为已经断绝了一切贪爱执着的缘故;修行大悲慈,因为以大乘佛法引导众生的缘故;修行无厌慈,因为观察到诸法性空无有自性的缘故;修行法施慈,因为一切佛法都可以无所遗留、无所吝惜地布施众生的缘故;修行持戒慈,因为教化不守禁戒的众生的缘故;修行忍辱慈,因为护持对方和自我的缘故;修行精进慈,因为负荷一切众生的缘故;修行禅定慈,因为不接受五欲之味的缘故;修行智慧慈,因为深知时节因缘不于中途取证的缘故;修行方便慈,因为能随缘于一切处示现的缘故;修行无隐慈,因为正直之心清净无私的缘故;修行深心慈,因为心中毫无杂念的缘故;修行无诳慈,因为绝对真实、没有虚假的缘故;修行安乐慈,因为可以使一切众生获得佛之安乐的缘故。菩萨修行慈悲,就是这个样子。"

文殊师利又问:"如何是悲?"

维摩诘回答道:"菩萨所作的一切功德,都与一切众生共同分享。"

又问:"如何是喜?"

回答道:"只要是对众生有所利益,就会非常欢喜,无怨无悔。"

又问:"如何是舍?"

回答道:"所作一切福德善业,都不希望获得任何回报。"

文殊师利又问:"生死有畏,菩萨当何所依?"

维摩诘言:"菩萨于生死畏中,当依如来功德之力。"

文殊师利又问:"菩萨欲依如来功德之力,当于何住?"

答曰:"菩萨欲依如来功德力者,当住度脱一切众生。"

又问:"欲度众生,当何所除?"

答曰:"欲度众生,除其烦恼。"

又问:"欲除烦恼,当何所行?"

答曰:"当行正念。"

又问:"云何行于正念?"

答曰:"当行不生不灭。"

又问:"何法不生?何法不灭?"

答曰:"不善不生,善法不灭。"

又问:"善不善孰为本?"

答曰:"身为本。"

又问:"身孰为本?"

答曰:"欲贪为本。"

又问:"欲贪孰为本?"

答曰:"虚妄分别为本。"

又问:"虚妄分别孰为本?"

答曰:"颠倒想为本。"

又问:"颠倒想孰为本?"

答曰:"无住为本。"

又问:"无住孰为本?"

答曰:"无住则无本。文殊师利,从无住本,立一切法。"

[注释]

这一部分通过文殊师利和维摩诘的相互问答,阐明了"从无住本,立一切法"的道理。

[译文]

文殊师利又问:"对流转生死怀有畏惧,菩萨应当依恃什么?"

维摩诘说:"菩萨于流转生死的畏惧之中,应当依恃如来功德之力。"

文殊师利又问:"菩萨如果想依恃如来功德之力,应当将自心安住于何处?"

维摩诘回答道:"菩萨如果想依恃如来功德之力,就应当将自心安住于度化解脱一切众生上。"

又问:"若要度化解脱众生,应当断除什么?"

维摩诘回答道:"若要度化解脱众生,应当断除他们的烦恼。"

又问:"若要断除众生的烦恼,应当如何修行?"

维摩诘回答道:"应当修行正念。"

又问:"如何修行正念?"

维摩诘回答道:"应当修行不生不灭。"

又问:"何种法不生?何种法不灭?"

维摩诘回答道:"不善法不生,善法不灭。"

又问:"善法与不善法,以什么为本?"

维摩诘回答道:"以身体为本。"

又问:"身体以什么为本?"

维摩诘回答道:"以欲望和贪爱为本。"

又问:"欲望和贪爱以什么为本?"

维摩诘回答道:"以虚妄分别为本。"

又问:"虚妄分别以什么为本?"

维摩诘回答道:"以颠倒妄想为本。"

又问:"颠倒妄想以什么为本?"

维摩诘回答道:"以无所安住为本。"

又问:"无所安住以什么为本?"

维摩诘回答道:"无所安住就是无所为本。文殊师利,以无所安住为本,建立起一切诸法。"

时维摩诘室有一天女,见诸大人闻所说法,便现其身,即以天华,散诸菩萨、大弟子上。华至诸菩萨,即皆堕落,至大弟子,便著不堕。一切弟子神力去华,不能令去。

尔时,天女问舍利弗:"何故去华?"

答曰:"此华不如法,是以去之。"

天曰:"勿谓此华为不如法。所以者何?是华无所分别,仁者自生分别想耳。若于佛法出家,有所分别,为不如法;若无所分别,是则如法。观诸菩萨华不著者,已断一切分别想故。譬如人畏时,非人得其便。如是弟子畏生死故,色、声、香、味、触得其便也。已离畏者,一切五欲无能为也。结习①未尽,华著身耳;结习尽者,华不著也。"

舍利弗言:"天止此室,其已久如?"

答曰:"我止此室,如耆年解脱。"

舍利弗言:"止此久耶?"

天曰:"耆年②解脱,亦何如久?"

舍利弗默然不答。

天曰:"如何耆旧大智而默?"

答曰:"解脱者无所言说,故吾于是不知所云。"

天曰:"言说文字,皆解脱相。所以者何?解脱者,不内、不外,不在两间,文字亦不内、不外,不在两间。是故,舍利弗,无离文字说解脱也。所以者何?一切诸法是解脱相。"

舍利弗言:"不复以离淫、怒、痴为解脱乎?"

天曰:"佛为增上慢③人,说离淫、怒、痴,为解脱耳;若无增上慢者,佛说淫、怒、痴性,即是解脱。"

舍利弗言:"善哉,善哉,天女,汝何所得?以何为证?辩乃如是!"

天曰:"我无得无证,故辩如是。所以者何?若有得有证者,则于佛法为增上慢。"

[注释]

① 结习:积久难改的习惯,佛经指众生的烦恼和习气。

② 耆年:六十岁以上的老年人。

③ 增上慢:认为自己获得了增上之法而生起的傲慢之心,多表现为未得谓得、未证谓证并据之傲视他人。

这一部分通过舍利弗与天女之间的相互辩论,阐述了不离淫、怒、痴而得解脱的道理。

[译文]

  当时维摩诘室中有一位天女,见各位大士听闻了维摩诘所说的佛法,于是显现出身形来,将天花散到诸位菩萨、大弟子身上。当天花散到诸位菩萨身上时,立即都坠落下来;散到各位大弟子身上时,便停在那里,不再坠落。一切大弟子发动神通之力,也不能将其拂去。

  这时候,天女问舍利弗:"为什么要拂去天花?"

  舍利弗回答道:"这些天花不符合佛法,所以要拂去。"

  天女说:"不要说这些天花不符合佛法。为什么呢?这些天花都是一样的,无所区别,是仁者自己生出区别来的。如果在佛法中出家,还有这样那样的分别,那么就是不符合佛法;如果没有分别,就是符合佛法。看看诸位菩萨,天花之所以不着其身,是因为他们已经断除了一切分别之想的缘故。这就好像人们心生恐惧的时候,鬼魅之类的非人获得了有机可乘的便利。同样,大弟子们因为害怕流转于生死,色、声、香、味、触获得了有机可乘的便利。而那些已经离开恐怖畏惧的人,一切五欲对他来说都是无能为力了。烦恼习气没有除尽,天花就会停留身上;烦恼习气已经除尽,天花在他们身上是停不下来的。"

  舍利弗说:"你居止此室之中,已经很久了吧?"

  天女回答道:"我居止此室之中,就像您老获得解脱一样长久。"

  舍利弗说:"你居止此室之中,有这么久吗?"

  天女说:"您老获得解脱,到底有多久了?"

  舍利弗默然不答。

  天女说:"您老有大智慧,为什么默然不语?"

  舍利弗回答道:"解脱是无法用语言进行表达的,所以我对此不知说些什么是好。"

天女说:"言说文字,都具有解脱相。为什么呢?所谓解脱,不在内、不在外,不在内外之间,文字也不在内、不在外,不在内外之间。因此,舍利弗,不要脱离文字讲说解脱。为什么呢?一切诸法都具有解脱之相。"

舍利弗说:"不再以远离淫、怒、痴为解脱了吗?"

天女说:"佛为那些自高自大的增上慢人,讲说远离淫、怒、痴,就是解脱;对于那些没有增上慢的人,佛讲说淫、怒、痴的本性,就是解脱。"

舍利弗说:"善哉,善哉,天女,你得到了何种法门?证得了什么道果?以至于如此能言善辩!"

天女说:"我无所得无所证,因此才可以如此的能言善辩。为什么呢?如果有所得有所证,那么在佛法中就是增上慢。"

舍利弗问天:"汝于三乘①,为何志求?"

天曰:"以声闻法化众生故,我为声闻;以因缘法化众生故,我为辟支佛;以大悲法化众生故,我为大乘。舍利弗,如人入瞻葡林②,唯嗅瞻葡,不嗅余香。如是,若入此室,但闻佛功德之香,不乐闻声闻、辟支佛功德香也。舍利弗,其有释、梵、四天王,诸天、龙、鬼神等,入此室者,闻斯上人讲说正法,皆乐佛功德之香,发心而出。舍利弗,吾止此室,十有二年,初不闻说声闻、辟支佛法,但闻菩萨大慈大悲,不可思议诸佛之法。舍利弗,此室常现八未曾有难得之法。何等为八?此室常以金色光照,昼夜无异,不以日月所照为明,是为一未曾有难得之法;此室入者,不为诸垢之所恼也,是为二未曾有难得之法;此室常有释、梵、四天王、他方菩萨来会不绝,是为三未曾有难得之法;此室常说六波罗蜜不退转法，是为四未曾有难得之法；此室常作天人第一之乐，弦出无量法化之声，是为五未曾有难得之法；此室有四大藏，众宝积满，周穷济乏，求得无尽，是为六未曾有难得之法；此室释迦牟尼佛、阿弥陀佛、阿閦佛、宝德、宝炎、宝月、宝严、难胜、师子响、一切利成，如是等十方无量诸佛，是上人念时，即皆为来，广说诸佛秘要法藏，说已还去，是为七未曾有难得之法；此室一切诸天严饰宫殿，诸佛净土，皆于中现，是为八未曾有难得之法。舍利弗，此室常现八未曾有难得之法，唯有见斯不思议事，而复乐于声闻法乎？"

[注释]

① 三乘：即声闻乘、缘觉乘、菩萨乘。声闻乘又名小乘，修学此乘者速则三生，迟则六十劫间，修空法，终于闻如来声教，悟四谛之理，断见思惑，可证阿罗汉果；缘觉乘又名中乘、辟支佛乘，修学此乘者速则四生，迟则百劫间，破无明，终于悟十二因缘之理，可证辟支佛果；菩萨乘又名大乘，修学此乘者于无数劫间，修六度行，更于百劫间，植三十二相福因，可证无上佛果。

② 瞻葡林：即瞻葡树林。瞻葡，梵语音译，又作瞻波等，意译为金色花树、黄花树，树身高大，花色金黄，此树叶、花及树皮汁液气味芳香，数里可闻，可以制成药材或香料。

在这一部分中，天女大力赞扬了维摩诘室中之法的殊胜、希有如何难得。

[译文]

舍利弗问天女："你在三乘佛法之中，有什么志向追求？"

天女回答道："因为运用声闻法化导众生，我为声闻；因为运用因缘法化导众生，我为辟支佛；因为运用大悲法化导众生，我为大乘菩萨。舍利弗，就像有人进入瞻葡树林之中，只能闻见瞻葡之香，不能嗅到别的香气一样。同样，如果进入此室之中，只能闻见佛的功德之香，不乐意闻见声闻、辟支佛的功德之香。舍利弗，那些帝释、梵天、四天王，各种天、龙、鬼神等，凡是进入此室的，听这位维摩诘上人讲论佛教正法，都非常喜欢佛的功德之香，发心希求无上正等正觉，然后才离开。舍利弗，我居止此室之中已经有十二年了，从没听说过声闻、辟支佛法，只听到菩萨大慈大悲不可思议的诸佛之法。舍利弗，此室中经常示现八种从来没有过的难得之法。有哪八种？此室中常有金色的光明照耀，无论白天还是黑夜，都没有什么差异，不以日月所照的光亮作为室内的照明，这是第一未曾有难得之法；进入此室者，不会因为各种尘垢而烦恼，这是第二未曾有难得之法；此室中经常会有帝释、梵天、四天王、其他世界的菩萨前来聚会，从不断绝，这是第三未曾有难得之法；此室中经常讲说六种波罗蜜等永不退转的法门，这是第四未曾有难得之法；此室中经常演奏天人最好的音乐，弹奏出无量佛法教化的音声，这是第五未曾有难得之法；此室中有四大宝藏，众多的珍宝积累充满其中，可以周济贫穷困乏之辈，无论从中求得什么，都永无穷尽之时，这是第六未曾有难得之法；在此室中，释迦牟尼佛、阿弥陀佛、阿閦佛、宝德、宝炎、宝月、宝严、难胜、师子响、一切利成，如是等十方无量诸佛，只要这位维摩诘上人心中想念他们之时，他们就会来到这里，广为宣说诸佛秘密法藏的要点，演说完毕，方才回去，这是第七未曾有难得之法；在此室中，一切诸天装饰得非常庄严的宫殿，诸佛如来的清净佛土，都可以显现出来，这是第八未曾有难得之法。舍利弗，此室中经常示现这八种未曾有难得之法，还有哪个在见过如此不可思议的事情之后，还会再喜欢声闻之法呢？"

舍利弗言:"汝何以不转女身?"

天曰:"我从十二年来,求女人相了不可得,当何所转?譬如幻师化作幻女,若有人问:'何以不转女身?'是人为正问不?"

舍利弗言:"不也!幻无定相,当何所转?"

天曰:"一切诸法亦复如是,无有定相,云何乃问不转女身?"

即时天女以神通力,变舍利弗令如天女,天自化身如舍利弗,而问言:"何以不转女身?"

舍利弗以天女像而答言:"我今不知何转而变为女身?"

天曰:"舍利弗,若能转此女身,则一切女人亦当能转!如舍利弗非女而现女身,一切女人亦复如是,虽现女身,而非女也。是故佛说一切诸法非男、非女。"

即时天女还摄神力,舍利弗身还复如故。

天问舍利弗:"女身色相,今何所在?"

舍利弗言:"女身色相,无在无不在。"

天曰:"一切诸法,亦复如是,无在无不在。夫无在无不在者,佛所说也。"

舍利弗问天:"汝于此没,当生何所?"

天曰:"佛化所生,吾如彼生。"

曰:"佛化所生,非没生也。"

天曰:"众生犹然,无没生也。"

舍利弗问天:"汝久如当得阿耨多罗三藐三菩提?"

天曰:"如舍利弗还为凡夫,我乃当成阿耨多罗三藐三菩提。"

舍利弗言:"我作凡夫,无有是处。"

天曰:"我得阿耨多罗三藐三菩提,亦无是处。所以者何?菩提无住处,是故无有得者。"

舍利弗言:"今诸佛得阿耨多罗三藐三菩提,已得当得,如恒河沙,皆谓何乎?"

天曰:"皆以世俗文字数故,说有三世,非谓菩提有去来今。"

天曰:"舍利弗,汝得阿罗汉道耶?"

曰:"无所得故而得。"

天曰:"诸佛菩萨亦复如是,无所得故而得。"

尔时,维摩诘语舍利弗:"是天女已曾供养九十二亿诸佛,已能游戏菩萨神通,所愿具足,得无生忍,住不退转;以本愿故,随意能现,教化众生。"

[注释]

这一部分通过舍利弗与天女的问答辩论,展现了大乘佛法不执着于生死、去来、男女诸相的殊胜。

[译文]

舍利弗问天女说:"你为什么不转变女身而为男相?"

天女说:"十二年来,我寻求女人的身相,无论如何都找不到,该从哪里转起呢?就好像对于幻师幻化出来的女人,如果有人问:'为什么不转变女身?'这人的提问是否是正确的提问?"

舍利弗说:"不是正确的提问!幻化之物,没有定相,该如何转变?"

天女说:"一切诸法也都是如此,没有定相,为什么还要问何以不转变女人身?"

就在此时,天女运用神通之力,使舍利弗转变成天女一般,而天女自己变成舍利弗那样,并问他说:"为什么不转变女身?"

舍利弗以天女的身像回答道:"我如今不知道为何转变成了女身。"

天女说:"舍利弗,如果你能变这个女身,那么一切女人也应当能够转变!就像舍利弗一样,本来不是女人却示现为女身,一切女人都是如此,虽然示现为女身,而实际上并非女人。因此,佛说一切诸法,既不是男,也不是女。"

天女当时就收回了神力,舍利弗的身体遂得以恢复如故。

天女问舍利弗:"女身的肉体和相状,现在又到哪里去了?"

舍利弗说:"女身的肉体和相状,既不存在又无所不在。"

天女说:"一切诸法,也都是这样,既不存在又无所不在。所谓既不存在又无所不在,这是佛所说的。"

舍利弗问天女:"你在这里消失之后,应当生在哪里?"

天女说:"佛的化身随缘而生,我也与他一样随缘而生。"

舍利弗说:"佛的化身随缘而生,并不是死后受生。"

天女说:"众生也是如此,并没有死后受生。"

舍利弗问天女:"你要多久才能证得无上正等正觉?"

天女说:"当舍利弗还成为凡夫的时候,我就能证得无上正等正觉了。"

舍利弗说:"我成为凡夫,没有这回事了。"

天女说:"我证得无上正等正觉,也是没有这回事了。为什么呢?菩提没有固定的场所,因此也就没有证得的。"

舍利弗说:"而今诸佛证得无上正等正觉的,已经证得的和将要证得的,像恒河里的沙子那样多,那又如何解释呢?"

天女说:"都是由于世俗的文字数目的缘故,说有过去、现在、未来三世,并非说菩提有过去、未来、现在。"

天女说:"舍利弗,你已经证得阿罗汉道了?"

舍利弗说:"因为无所得的缘故,也就证得了。"

天女说:"诸佛和菩萨也都是这样,都是由于无所得的缘故,也就证得了。"

这时候,维摩诘对舍利弗说:"这位天女已经供养过九十二亿诸佛如来,已经可以自由自在地运用菩萨神通之力,其各种意愿都已圆满具足,证得了无生法忍,达到了永不退转的境地;由于其本来所立誓愿的缘故,可以依据自己的意愿而随缘示现,教化众生。"

佛道品第八

尔时，文殊师利问维摩诘言："菩萨云何通达佛道？"

维摩诘言："若菩萨行于非道，是为通达佛道。"

又问："云何菩萨行于非道？"

答曰："若菩萨行五无间，而无恼恚；至于地狱，无诸罪垢；至于畜生，无有无明憍慢等过；至于饿鬼，而具足功德；行色、无色界道，不以为胜。示行贪欲，离诸染著；示行瞋恚，于诸众生，无有恚碍；示行愚痴，而以智慧，调伏其心。示行悭贪，而舍内外所有，不惜身命；示行毁禁，而安住净戒，乃至小罪，犹怀大惧；示行瞋恚，而常慈忍；示行懈怠，而勤修功德；示行乱意，而常念定；示行愚痴，而通达世间、出世间慧；示行谄伪，而善方便，随诸经义；示行憍慢，而于众生，犹如桥梁；示行诸烦恼，而心常清净；示入于魔，而顺佛智慧，不随他教；示入声闻，而为众生，说未闻法；示入辟支佛，而成就大悲，教化众生；示入贫穷，而有宝手，功德无尽；示入刑残，而具诸相好，以自庄严；示入下贱，而生佛种性中，具诸功德；示入羸劣丑陋，而得那罗延①身，一切众生之所乐见；示入老病，而永断病根，超越死畏；示有资生，而恒观无常，实无所贪；示有妻妾婇女，而常远离五欲淤泥；现于讷钝，而成就辩才，总持无失；示入邪济，而以正济，度诸众生；现遍入诸道，而断其因缘；现于涅槃，而不断生死。文殊师利，菩萨能如是行于非道，是为通达佛道。"

[注释]

① 那罗延：天上力士之名，身相庄严，坚固勇健，为众生所乐见。

在这一部分中，维摩诘阐述了"行于非道，是为通达佛道"的道理。

[译文]

这时，文殊师利问维摩诘："菩萨如何通达佛道？"

维摩诘说："如果菩萨修行的并非正道，就是通达佛道了。"

文殊师利又问："菩萨如何修行非道？"

维摩诘回答道："如果菩萨所行的都是属于五种要下无间地狱的罪恶行为，但没有烦恼和瞋恚；进入地狱之中，但又没有什么罪业的污垢；进入畜生道中，但没有无明愚痴、骄傲怠慢之类的过失；进入饿鬼道中，但又具足各种功德；进入色界和无色界道中，但又不自认为这是殊胜的。虽然表现出贪婪的欲望，但又远离了染污和执着；虽表现出瞋恨和恼火，但对众生没有伤害和妨碍；虽然表现得愚蠢、痴傻，但又能够运用智慧调和、制伏自己的内心。虽然表现得极为吝啬和贪婪，但却可以舍弃自己身心内外一切所有，甚至连自己的身家性命也不吝惜；虽然表现出毁犯禁戒，但却能安住于清净的戒律，以至于对于一些微小的过错都怀有很大的畏惧；虽然表现出瞋恨和恼火，但心中总是充满慈爱和忍让；虽然表现得松懈怠惰，但却勤于修行功德；虽然表现为心意散乱，但却能经常思虑安定；虽然表现为愚钝痴呆，但却非常通达世间与出世间的智慧；虽然表现得谄媚和虚伪，但却善于运用方便的形式实践佛经的义理；虽然表现出骄傲怠慢的样子，但对于众生可以起到桥梁的作用；虽然看起来具有种种烦恼，但内心非常清净；虽然看起来是进入了魔道之中，但能随顺佛的智慧，并不随顺外道的教化；虽然看起来是在修行声闻法，但却能为众生讲说前所未闻的大乘佛法；虽然表现为进入了辟支佛的境界，但却能够成就大悲之心，开展教化众生的活动；虽然看起来贫穷，但却具有博施济众的宝手，功德无量；虽然看起来身有残疾，但却具有诸多的相好，使自身显得非常端正和严肃；虽然看起来低下卑贱，但却生在佛种姓中，具备各种功德；虽然看起来体格羸弱、身形丑陋，但却具有那罗延那样的体魄，为一切众生所乐见；虽然看起来衰老多病，但实际上已经断绝病根，完全超越了对死亡的恐惧；虽然看起来富有资财，但始终观想诸行无常的道理，未尝对任何事物产生贪欲；虽然看起来具有妻妾婇女，但却常常远离五欲的污泥；虽然看起来木讷迟钝，但却成就了无碍的辩才，可以掌握佛法而无所遗漏；虽然看起来好像是以邪门外道救济众生，但实际上是在运用正法济度各类众生；虽然可以进入六道轮回的每一道，但实际上已经断除了受生其中的因缘；虽然看起来已经达到了涅槃寂静的境界，但又没有断除生死。文殊师利，菩萨能够这样修行非道，就是已经通达了佛道。"

　　于是，维摩诘问文殊师利："何等为如来种？"

　　文殊师利言："有身为种，无明有爱为种，贪、恚、痴为种，四颠倒①为种，五盖②为种，六入为种，七识处③为种，八邪法为种，九恼处④为种，十不善道为种。以要言之，六十二见及一切烦恼，皆是佛种。"

　　曰："何谓也？"

　　答曰："若见无为入正位者，不能复发阿耨多罗三藐三菩提心；譬如高原陆地，不生莲华，卑湿淤泥乃生此华；如是见无为法入正位者，终不复能生于佛法；烦恼泥中，乃有众生起佛法耳。又如植种于空，终不得生，粪壤之地，乃能滋茂。如是入无为正位者，不生佛法；起于我见如须弥山，犹能发于阿耨多罗三藐三菩提心，生佛法矣。是故当知，一切烦恼，为如来种。譬如不下巨海，不能得无价宝珠。如是不入烦恼大海，则不能得一切智宝。"

尔时，大迦叶叹言："善哉，善哉，文殊师利，快说此语！诚如所言，尘劳之畴，为如来种。我等今者，不复堪任发阿耨多罗三藐三菩提心，乃至五无间罪，犹能发意生于佛法，而今我等永不能发，譬如根败之士，其于五欲不能复利。如是声闻诸结断者，于佛法中无所复益，永不志愿。是故，文殊师利，凡夫于佛法有反复，而声闻无也。所以者何？凡夫闻佛法，能起无上道心，不断三宝，正使声闻终身闻佛法、力、无畏等，永不能发无上道意。"

[注释]

① 四颠倒：即四种颠倒的虚妄见解，有二种表现。一者执着生死之法的无常、无乐、无我、无净为常、乐、我、净，此为凡夫四倒；二者执着涅槃的常、乐、我、净为无常、无乐、无我、无净，此为二乘四倒。断除凡夫四倒可入二乘道，断除凡夫四倒同时又断除二乘四倒则可入菩萨道。

② 五盖：盖即盖覆，有五法能盖覆心性，使善法不得生起，故而谓之五盖。其一，贪欲盖，指执着五欲之境，以盖覆其心性；其二，嗔恚盖，于违情之境，心怀忿怒，以盖覆其心性；其三，睡眠盖，心昏身重，无法展开修行，以盖覆其心性；其四，掉悔盖，内心躁动，于所做之事而心忧恼，以盖覆其心性；其五，疑盖，于法犹豫不决，以盖覆其心性。

③ 七识处：又称七识住，即三界众生之识所依住的七个处所，即欲界人天识住、初禅天识住、二禅天识住、三禅天识住、空处天识住、识处天识住、无所有处天识住。

④ 九恼处：即九种令人烦恼的地方，指爱我怨家、憎我善友、及憎我身此三种违情之事，各有过去、现在、未来，共成九恼处。

在这一部分中，文殊师利阐述了"六十二见及一切烦恼，皆是佛种"的道理。

[译文]

于是，维摩诘问文殊师利："什么是如来种？"

文殊师利说："有此色身为如来种，无明贪爱为如来种，贪、恚、痴三毒为如来种，执着四种颠倒见解为如来种，贪欲、瞋恚、睡眠、掉悔、疑等五盖为如来种，眼、耳、鼻、舌、身、意等六入为如来种，众生之识依住的七个处所为如来种，与八正道相对的八邪法为如来种，九种惹人烦恼的地方为如来种，十不善道为如来种。要而言之，六十二种邪见及一切烦恼都是如来种。"

维摩诘说："为什么这样说？"

文殊师利回答道："如果已经体证无为之法，进入涅槃正位之中，就不能发心希求无上正等正觉了；这就如同在高原陆地之上，不能生长莲花，只有在低矮潮湿的淤泥之中，才能生出这种花来；有类于此，那些已经体证无为之法而进入涅槃正位的众生，终究不能再生于成佛的法门之中；只有在烦恼的淤泥之中，才有众生发起对佛法的修行。又好像将种子种植在虚空之中，不能得以生长，而只有种植在粪秽土壤之中，才能得到滋养，繁茂地生长起来。有类于此，那些已经进入涅槃正位的众生是不能使佛法生起的；那些执着自我之见如须弥山的众生，由于能够发心希求无上正等正觉，故而可生起佛法。因此，应当知道一切烦恼为如来种。这就像不深入到浩瀚的大海之中，就不能获得无价宝珠一样。有类于此，不进入烦恼的汪洋大海，就不能获得一切智的珍宝。"

这时大迦叶赞叹说："善哉，善哉，文殊师利，这番话说得真是痛快！诚如所言，一切尘劳烦恼之类，都是如来种。我们这些声闻弟子，如今是不能胜任发心希求无上正等正觉了，甚至那些犯了五种重罪，要堕入无间地狱的众生，都能发心希求无上正等正觉，在佛法中受生成长，而今我们这样的声闻弟子却永远不能发心，就好像各种感觉器官已经败坏的众生，对于五欲之乐，已经不能继续利用享受了。有类于此，那些已经彻底断除了烦恼结使的声闻弟子，是不能再从佛法中获得利益了，而且永远也不会产生希求无上正等正觉的志愿了。因此，文殊师利，凡夫于佛法还有反复，但声闻弟子没有。何以言之？因为凡夫听闻佛法，能够发起无上道心，从而使三宝得以继续不断，而声闻弟子即使终身听闻佛法、十力、四无畏等，也永远不会发心希求无上道意了。"

尔时，会中有菩萨，名普现色身，问维摩诘言："居士，父母妻子、亲戚眷属、吏民知识，悉为是谁？奴婢僮仆、象马车乘，皆何所在？"

于是维摩诘以偈答曰：
　　智度菩萨母，方便以为父，
　　一切众导师，无不由是生。
　　法喜以为妻，慈悲心为女，
　　善心诚实男，毕竟空寂舍。
　　弟子众尘劳，随意之所转，
　　道品善知识，由是成正觉。
　　诸度法等侣，四摄为伎女，
　　歌咏诵法言，以此为音乐。
　　总持之园苑，无漏法林树，

觉意净妙华，解脱智慧果。
八解之浴池，定水湛然满，
布以七净华，浴此无垢人。
象马五通驰，大乘以为车，
调御以一心，游于八正路。
相具以严容，众好饰其姿，
惭愧之上服，深心为华鬘。
富有七财宝①，教授以滋息，
如所说修行，回向为大利。
四禅为床座，从于净命生，
多闻增智慧，以为自觉音。
甘露法之食，解脱味为浆，
净心以澡浴，戒品为涂香。
摧灭烦恼贼，勇健无能逾，
降伏四种魔②，胜幡建道场。
虽知无起灭，示彼故有生，
悉现诸国土，如日无不见。
供养于十方，无量亿如来，
诸佛及己身，无有分别想。
虽知诸佛国，及与众生空，
而常修净土，教化于群生。
诸有众生类，形声及威仪，
无畏力菩萨，一时能尽现。
觉知众魔事，而示随其行，
以善方便智，随意皆能现。
或示老病死，成就诸群生，

了知如幻化，通达无有碍。
或现劫尽烧，天地皆洞然，
众人有常想，照令知无常。
无数亿众生，俱来请菩萨，
一时到其舍，化令向佛道。
经书禁咒术，工巧诸伎艺，
尽现行此事，饶益诸群生。
世间众道法，悉于中出家，
因以解人惑，而不堕邪见。
或作日月天，梵王世界主，
或时作地水，或复作风火。
劫中有疾疫，现作诸药草，
若有服之者，除病消众毒。
劫中有饥馑，现身作饮食，
先救彼饥渴，却以法语人。
劫中有刀兵，为之起慈悲，
化彼诸众生，令住无诤地。
若有大战阵，立之以等力，
菩萨现威势，降伏使和安。
一切国土中，诸有地狱处，
辄往到于彼，勉济其苦恼。
一切国土中，畜生相食啖，
皆现生于彼，为之作利益。
示受于五欲，亦复现行禅，
令魔心愦乱，不能得其便。
火中生莲华，是可谓希有，

在欲而行禅，希有亦如是。
或现作淫女，引诸好色者，
先以欲钩牵，后令入佛智。
或为邑中主，或作商人导，
国师及大臣，以祐利众生。
诸有贫穷者，现作无尽藏，
因以劝导之，令发菩提心。
我心憍慢者，为现大力士，
消伏诸贡高，令住无上道。
其有恐惧众，居前而慰安，
先施以无畏，后令发道心。
或现离淫欲，为五通仙人，
开导诸群生，令住戒忍慈。
见须供事者，现为作僮仆，
既悦可其意，乃发以道心。
随彼之所须，得入于佛道，
以善方便力，皆能给足之。
如是道无量，所行无有涯，
智慧无边际，度脱无数众。
假令一切佛，于无量亿劫，
赞叹其功德，犹尚不能尽。
谁闻如是法，不发菩提心，
除彼不肖人，痴冥无智者。

[注释]

① 七财宝：七种法财，即信财、精进财、戒财、惭愧财、闻财、舍财、

定慧财，可助修行，如同珍宝，故称七财宝。

② 四种魔：即烦恼魔、蕴魔、死魔、天魔。烦恼魔指贪、嗔、痴等习气能恼害身心，蕴魔指色、受、想、行、识等五蕴能生一切苦，死魔指死亡能断人生存命根，天魔指自在天等魔王能坏人善事。

在这一部分中，维摩诘运用偈颂的形式，阐明了佛法修行日常生活化的主张。

[译文]

这时，法会中有一位叫普现色身的菩萨，向维摩诘问道："居士，您的父母、妻子、儿女、亲戚、官吏、居民、师友，都是什么人？奴隶、婢女、僮仆、象马、车乘，都在何处？"

于是维摩诘用偈颂回答道：

  智度就是菩萨的母亲，方便就是菩萨的父亲，
  一切众生的伟大导师，无不从智度方便生出。
  学佛法的快乐是我妻，学佛法的慈悲是我女，
  善良诚实之心是我儿，毕竟空寂就是我房舍。
  尘劳烦恼是我的弟子，可以随顺我意以转化，
  三十七种道品是我师，随之修行可以成正觉。
  六度为我佛法好伴侣，四摄为我能歌善舞伎，
  她们歌唱佛教之法言，我从此音享受无上乐。
  全面掌握佛法为园林，无漏佛法就是林在树，
  觉意之花清净而美妙，结出解脱智慧之硕果。
  八解脱就是我的浴池，其中灌满湛然的定水，
  水中分布七朵净洁花，用以洗浴我这无垢人。
  五种神通就是驰象马，我之车辆就是大乘法，
  只有一心才能调御之，酣畅优游八条正道上。
  瑞相具足庄严殊胜容，众多美好装饰美妙姿，

惭愧心是上等好衣服，深心就是美丽好发髻。
助行七法就是七财宝，教授众生使其广流布，
如同所说那样去修行，功德回向可获大利益。
四种禅定就是我床座，清净慧命由此得生成，
多闻可以增加我智慧，以此作为自觉之法音。
佛法甘露可以为我食，解脱美味可以为琼浆，
净心如同洗澡与沐浴，戒品就如身上所涂香。
烦恼如贼必须要摧灭，勇猛精进谁也不能逾，
运用佛法降伏四种魔，获胜旗幡竖立在道场。
虽知诸法无生亦无灭，为化众生故说有生灭，
各种国土全部都显现，如同丽日当空无不见。
真诚供养普遍十方国，无量国中无量亿如来，
对于诸佛如来与己身，从来没有做过分别想。
虽然深知诸佛之国土，还有众生本性都是空，
但却经常修行净土门，教化一切有情及含生。
世间各种各样众生类，身体形貌声音与威仪，
菩萨具足无畏与十力，一时之中便能全展现。
不但了解一切魔障事，还能显示随顺其所行，
善于运用善巧方便智，能随己意化导现所应。
有时示现老病死诸相，以便由此成就诸众生，
了知世间万法如幻化，从而通达法界无障碍。
有时显现劫尽大火烧，天地之间洞然无存者，
如此对治众人有常想，智慧光照使其知无常。
无量无数亿万诸众生，全都来向菩萨发邀请，
菩萨一时来到他们家，通过教化使其向佛道。
菩萨于诸经书与禁咒，以及诸多工巧技艺等，

佛道品第八　117

都能示现实行这些事，饶益各种各样诸群生。
世间道法种类非常多，菩萨都能于中现出家，
利用这种方式解人惑，但却从不坠入邪见中。
菩萨有时化为日月天，有时化为梵王世界主，
或者有时化为地与水，或者有时化为风与火。
大劫中间有时有疾疫，菩萨现身制作诸药草，
若有众生服用这些药，不仅病愈还能消诸毒。
大劫中间如果有饥馑，菩萨就会现身造饮食，
首先将其饥渴来救治，然后再对他们讲佛法。
大劫之间如果有刀兵，菩萨就会发起慈悲心，
教化引导那些众生类，指导他们进入无诤地。
若有两军对垒大战阵，菩萨就会运用等持力，
充分显现巨大威势力，降伏双方使和平安稳。
无论任何一处国土中，只要是有地狱存在处，
菩萨立即就往那里去，勉力济度众生诸苦恼。
无论任何一处国土中，如果存在畜生相啖食，
菩萨就会现身生于彼，一定会为他们谋利益。
不仅示现享受五欲乐，而且示现修行诸禅定，
能令众魔之心生愦乱，无法获得逞便之机会。
在火焚中生出莲花来，确实可以希世说罕有，
菩萨在欲乐中修禅定，希世罕有堪称与此同。
菩萨有时示现为淫女，引诱各种喜好美色者，
首先运用欲望勾引他，然后想法让他入佛智。
有时示现而为城邑主，有时现身商队领头人，
有时示现国师及大臣，只是为了护佑利众生。
对于诸多贫苦穷乏者，菩萨示现带来无尽藏，

因势利导劝化教导之，令其发心希求无上道。
对于心高气傲自大狂，菩萨现身变成大力士，
设法消除摧伏其贡高，令其身心安住无上道。
若有众生心怀恐惧感，菩萨便会现身去安慰，
首先为彼布施无畏心，然后再令发起菩提心。
菩萨有时示现离绝欲，成为具足五通大仙人，
开导各种各样众生类，使之持戒忍辱行慈心。
若见有人需要服侍者，菩萨现身为其作僮仆，
设法使他称心又如意，进而使他发心求菩提。
随其需求如果皆满足，就会受到引导入佛道，
因此菩萨运用巧方便，都能使无匮乏给足之。
如此这般法门无限量，所行善事也就无边涯，
菩萨智慧广大无边际，能够度脱众生无量数。
假设普令十方一切佛，历经大劫无量无数亿，
赞叹菩萨所行之功德，犹恐穷劫不能尽其善。
世间有谁听闻如是法，而不发心希求无上觉，
除非那些顽冥不肖者，以及那些愚痴无智者。

入不二法门品第九

尔时,维摩诘谓众菩萨言:"诸仁者,云何菩萨入不二法门①?各随所乐说之。"

会中有菩萨名法自在说言:"诸仁者,生、灭为二。法本不生,今则无灭,得此无生法忍,是为入不二法门。"

德守菩萨曰:"我、我所为二。因有我故,便有我所;若无有我,则无我所,是为入不二法门。"

不眴菩萨曰:"受、不受为二。若法不受,则不可得;以不可得,故无取无舍、无作无行,是为入不二法门。"

德顶菩萨曰:"垢、净为二。见垢实性,则无净相,顺于灭相,是为入不二法门。"

善宿菩萨曰:"是动、是念为二。不动则无念,无念则无分别。通达此者,是为入不二法门。"

善眼菩萨曰:"一相、无相②为二。若知一相即是无相,亦不取无相,入于平等,是为入不二法门。"

妙臂菩萨曰:"菩萨心、声闻心为二。观心相空,如幻化者,无菩萨心、无声闻心,是为入不二法门。"

弗沙菩萨曰:"善、不善为二。若不起善、不善,入无相际而通达者,是为入不二法门。"

师子菩萨曰:"罪、福为二。若达罪性,则与福无异,以金刚慧③决了此相,无缚无解者,是为入不二法门。"

师子意菩萨曰:"有漏、无漏为二。若得诸法等,则不起漏、不漏想,不著于相,亦不住无相,是为入不二法门。"

净解菩萨曰:"有为、无为为二。若离一切数,则心如虚空,以清净慧无所碍者,是为入不二法门。"

那罗延菩萨曰:"世间、出世间为二。世间性空,即是出世间。于其中不入、不出,不溢、不散,是为入不二法门。"

善意菩萨曰:"生死、涅槃为二。若见生死性,则无生死,无缚无解,不然不灭,如是解者,是为入不二法门。"

现见菩萨曰:"尽、不尽④为二。法若究竟,尽若不尽,皆是无尽相;无尽相即是空,空则无有尽不尽相。如是入者,是为入不二法门。"

普守菩萨曰:"我、无我为二。我尚不可得,非我何可得?见我实性者,不复起二,是为入不二法门。"

电天菩萨曰:"明、无明为二。无明实性即是明,明亦不可取,离一切数,于其中平等无二者,是为入不二法门。"

喜见菩萨曰:"色、色空为二。色即是空,非色灭空,色性自空。如是受想行识、识空为二,识即是空,非识灭空,识性自空,于其中而通达者,是为入不二法门。"

明相菩萨曰:"四种异、空种异⑤为二。四种性即是空种性,如前际、后际空,故中际亦空。若能如是知诸种性者,是为入不二法门。"

妙意菩萨曰:"眼、色为二。若知眼性,于色不贪、不恚、不痴,是名寂灭。如是耳声、鼻香、舌味、身触、意法为二,若知意性,于法不贪、不恚、不痴,是名寂灭。安住其中,是为入不二法门。"

无尽意菩萨曰："布施、回向一切智为二。布施性即是回向一切智性，如是持戒、忍辱、精进、禅定、智慧、回向一切智为二，智慧性即是回向一切智性，于其中入一相者，是为入不二法门。"

深慧菩萨曰："是空、是无相、是无作为二。空即无相，无相即无作；若空、无相、无作，则无心、意、识；于一解脱门即是三解脱门者，是为入不二法门。"

寂根菩萨曰："佛、法、众为二。佛即是法，法即是众，是三宝皆无为相，与虚空等，一切法亦尔。能随此行者，是为入不二法门。"

心无碍菩萨曰："身、身灭为二。身即是身灭，所以者何？见身实相者，不起见身及见灭身，身与灭身无二无分别，于其中不惊、不惧者，是为入不二法门。"

上善菩萨曰："身口意、善为二。是三业皆无作相，身无作相，即口无作相；口无作相，即意无作相；是三业无作相，即一切法无作相。能如是随无作慧者，是为入不二法门。"

福田菩萨曰："福行、罪行、不动行为二。三行实性即是空，空则无福行、无罪行、无不动行。于此三行而不起者，是为入不二法门。"

华严菩萨曰："从我起二为二。见我实相者，不起二法；若不住二法，则无有识。无所识者，是为入不二法门。"

德藏菩萨曰："有所得相为二。若无所得，则无取舍。无取舍者，是为入不二法门。"

月上菩萨曰："暗与明为二。无暗、无明，则无有二。所以者何？如入灭受想定，无暗、无明，一切法相亦复如是，于其中平等入者，是为入不二法门。"

宝印手菩萨曰："乐涅槃、不乐世间为二。若不乐涅槃、不厌世间，则无有二。所以者何？若有缚，则有解。若本无缚，其谁求解？无缚无解，则无乐厌，是为入不二法门。"

珠顶王菩萨曰："正道、邪道为二。住正道者，则不分别是邪是正，离此二者，是为入不二法门。"

乐实菩萨曰："实、不实为二。实见者尚不见实，何况非实。所以者何？非肉眼所见，慧眼乃能见，而此慧眼，无见无不见，是为入不二法门。"

如是诸菩萨各各说已，问文殊师利："何等是菩萨入不二法门？"

文殊师利曰："如我意者，于一切法无言无说，无示无识，离诸问答，是为入不二法门。"

于是文殊师利问维摩诘："我等各自说已，仁者当说何等是菩萨入不二法门？"

时维摩诘默然无言。

文殊师利叹曰："善哉，善哉，乃至无有文字、语言，是真入不二法门！"

说是入不二法门品时，于此众中，五千菩萨皆入不二法门，得无生法忍。

[注释]

① 不二法门：不二之理，指空性、法性，为佛道之轨范，故称之为法；由此可以通向圣贤境界，故谓为门。合而言之，就是指超越相待和对立而悟入空性或法性的门径。

② 一相、无相：一相指平等无二、没有差别、唯一真实的真如实相，无相即于一切相而离一切相。

③ 金刚慧：即实相慧，能够像金刚一样贯穿一切，直彻法性。

④ 尽、不尽：有为法无常变幻，故为尽；无为法常住不迁，故为不尽。

⑤ 四种异、空种异：四种异即地、水、火、风四大种各有特性、相互差异，空种异即空性之特质，与四大种不同。

在这一部分中，包括维摩诘在内的三十余位菩萨阐述了自己对"不二法门"的理解，充分体现了超越相待和对立以悟入实相的大乘佛教解脱观，最后维摩诘以"默然无言"的方式对此进行了最好的表达。

[译文]

这时，维摩诘对诸位菩萨说："各位仁者，菩萨是如何进入不二法门的？请各位依据自己的喜好说一下吧。"

与会者中有一位名叫法自在的菩萨说道："各位仁者，生、灭为二法。诸法本来不曾生起，如今也就没有消灭，证得这种无生法忍，这样就进入了不二法门。"

德守菩萨说："我、我所有者为二。因为有我，于是便有了我所有者；如果没有了这个我，就没有了我所有者，这样就进入了不二法门。"

不眴菩萨说："感受、不感受为二。如能于诸法不起感受，那么所谓的感受就是不可得的；由于感受不可得，因而也就会无所取著，无所舍弃，无所造作，无所修行，这样就进入了不二法门。"

德顶菩萨说："污垢、清净为二。如果体悟了污垢的真实本性，就不会执着于清净之相了，由此随顺诸法的寂灭相，这样就进入了不二法门。"

善宿菩萨说："动心、念想为二。若不动心就无念想，无念想则无分别取舍。如果能够通达这点，这样就进入了不二法门。"

善眼菩萨说："一相、无相为二。如果能认识到一相就是无相，且不执着于无相，进入平等境界，这样就进入了不二法门。"

妙臂菩萨说："菩萨心、声闻心为二。如果能观照到心相空寂，如幻如化，既没有菩萨心也没有声闻心，这样就进入了不二法门。"

弗沙菩萨说："善、不善为二。如果心中能够不起善、不善的想法，能够领悟诸法无相的实际理地，而且可以通达无碍，这样就进入了不二法门。"

师子菩萨说："罪、福为二。如果了达了罪的本性即空，则与福没有什么差异，运用金刚般的智慧，决定明了这一实相，从而体会到既无系缚者，也无解脱者，这样就进入了不二法门。"

师子意菩萨说："有漏、无漏为二。如果体会到一切诸法的平等无二，则不会生起有漏和不漏的分别之想，从而不执着于有相，也不执着于无相，这样就进入了不二法门。"

净解菩萨说："有为、无为为二。如果能够远离一切法数，则内心便会像虚空一样空明净洁，运用清净智慧，不会遇到任何的障碍，这样就进入了不二法门。"

那罗延菩萨说："世间、出世间为二。若知世间本性空寂，就是出世间。于世间既不进也不出离，既不流溢也不散灭，这样也就进入了不二法门。"

善意菩萨说："生死、涅槃为二。如果体悟了生死的空寂之性，就没有了生死，没有了系缚，没有了解脱，没有了生起，没有了还灭，这样就进入了不二法门。"

现见菩萨说："尽、不尽为二。如果对一切诸法的了解都已经达到究竟的境地，那么无论是可以穷尽的有为之法，还是不可穷尽的无为之法，都体现出不可穷尽之相；这个不可穷尽之相便是空，空是无所谓尽与不尽的。如果能够如此深入理解诸法，这样就进入了不二法门。"

普守菩萨说："我、无我为二。这个我尚且无法证得，所谓的非我如何证得？如果体会到我的真实本性为空，不再生起我与无我为二的想法，这样就进入了不二法门。"

电天菩萨说："明、无明为二。无明的真实本性就是明，而明也是不可执取的；远离一切法数，在明与无明之间平等观照，不做区别，这样就进入了不二法门。"

喜见菩萨说："色、色空为二。色就是空，并非在色消灭之后才是空，色的本性就是空。受、想、行、识也与色一样，与空相对为二，受、想、行、识就是空，而非受、想、行、识消灭之后才是空，受、想、行、识的本性就是空，如果能在色、受、想、行、识与空之间做到通达无碍，这样就进入了不二法门。"

明相菩萨说："四种异、空种异为二。四种性就是诸法的空性，如同过去、未来的本性为空一样，现在的本性也是空。如果能够如此理解不同事物的各种特性，这样就进入了不二法门。"

妙意菩萨说："眼、色为二。如果了解到眼根对于色尘不会生起贪恋、瞋恚、愚痴，就叫作寂灭。与此类似，耳与声、鼻与香、舌与味、身与触、意与法，皆为二，如果了解到意的本性为空，对于诸法不会产生贪着、瞋恚、愚痴，就叫作寂灭。使自心安住于这种寂灭之中，这样就进入了不二法门。"

无尽意菩萨说："布施、回向一切智为二。布施的本性就是回向一切智的本性，与此类似，持戒、忍辱、精进、禅定、智慧与回向一切智为二，智慧的本性就是回向一切智的本性，在这两者中间能让自心进入一相无相境界的，这样就进入了不二法门。"

深慧菩萨说："空、无相、无作为二。空就是无相，无相就是无作；如果体悟了空、无相、无作，就不会有心、意、识的区分；

领会到一解脱门就是三解脱门，这样就进入了不二法门。"

寂根菩萨说："佛、法、众为二。佛就是法，法就是众，这三宝都是无为之相，与虚空完全等同，一切诸法也都是这样。如果能够随顺这种认识而展开修行，这样就进入了不二法门。"

心无碍菩萨说："身、身灭为二。身就是身灭，为什么呢？如果能体会到身的实相，就不会执着于见身、见灭身，从而认识到身与灭身的无二无别，并且对此不会产生任何的惊讶和恐惧，这样就进入了不二法门。"

上善菩萨说："身口意、善为二。这三业都没有造作之相，身没有造作之相，也就是口无造作之相；口无造作之相也就是意无造作之相；这三业都没有造作之相，也就是一切诸法都没有造作之相。能够这样随顺无作智慧进行修行的，这样就进入了不二法门。"

福田菩萨说："福行、罪行、不动行为二。三种行为的真实本性就是空，本性是空，也就没有了福行，没有了罪行，没有了不动行。能够于此三行不起心分别的，这样就进入了不二法门。"

华严菩萨说："我、从我生起与我相对的诸法为二。如果能够体证自我的实相，就不会生起与我相对的一切诸法；如果不执着于与我相对的一切诸法，也就不会形成各种认识。没有形成各种认识，这样就进入了不二法门。"

德藏菩萨说："有所得相为二。如果能一无所得，就不会有执取和舍弃。没有执取和舍弃，这样就进入了不二法门。"

月上菩萨说："暗与明为二。如果既没有暗也没有明，就没有暗与明的二分。为什么呢？如果证入灭受想定中，既没有暗也没有明，一切诸法之相，也都是这样，在暗与明二者之间保持平等，这样就进入了不二法门。"

宝印手菩萨说:"乐涅槃、不乐世间为二。如果不乐于涅槃,不厌离世间,就不会形成二者的对立。为什么呢?如果有缠缚,则会有解脱。如果本来没有系缚,又有谁会追求解脱?如果既无系缚又无解脱,就没有乐于和厌弃,这样就进入了不二法门。"

珠顶王菩萨说:"正道、邪道为二。安住于正道者,是不会去分别什么是邪什么是正的,离开了对正、邪二者的分别,这样就进入了不二法门。"

乐实菩萨说:"实、不实为二。体证到诸法实相的人尚且无实相可见,就更不用说不实之相了。为什么呢?诸法实相不是肉眼所能见到的,必须要用慧眼才能见得到,而慧眼观照诸法,是一无所见又无所不见的,这样就进入了不二法门。"

就这样,所有的菩萨都各自讲说之后,问文殊师利:"菩萨怎么样才能进入不二法门?"

文殊师利说:"依据我的意思,对于一切诸法,无言谈无讲说,无显示无分别,远离各种问答,这样就进入了不二法门。"

于是,文殊师利问维摩诘:"我们都已各自讲过,仁者应当说一说了,菩萨怎么样才能进入不二法门?"

这时维摩诘默然无言。

文殊师利赞叹道:"善哉,善哉,甚至没有文字语言,这样才是真正进入了不二法门!"

就在菩萨们讨论如何进入不二法门的过程中,在这些听众中,有五千位菩萨都进入了不二法门,证得了无生法忍。

维摩诘所说经卷下

香积佛品第十

于是舍利弗心念:"日时欲至,此诸菩萨当于何食?"

时维摩诘知其意而语言:"佛说八解脱,仁者受行,岂杂欲食而闻法乎?若欲食者,且待须臾,当令汝得未曾有食。"

时维摩诘即入三昧,以神通力,示诸大众上方界分,过四十二恒河沙佛土,有国名众香,佛号香积,今现在。其国香气,比于十方诸佛世界人天之香,最为第一。彼土无有声闻、辟支佛名,唯有清净大菩萨众,佛为说法。其界一切皆以香作楼阁,经行香地,苑园皆香,其食香气周流十方无量世界。时彼佛与诸菩萨方共坐食,有诸天子皆号香严,悉发阿耨多罗三藐三菩提心,供养彼佛及诸菩萨,此诸大众莫不目见。

时维摩诘问众菩萨言:"诸仁者,谁能致彼佛饭?"

以文殊师利威神力故,咸皆默然。

维摩诘言:"仁此大众,无乃可耻?"

文殊师利曰:"如佛所言,勿轻未学。"

于是,维摩诘不起于座,居众会前,化作菩萨,相好光明,威德殊胜,蔽于众会,而告之曰:"汝往上方界分,度如四十二恒河沙佛土,有国名众香,佛号香积,与诸菩萨方共坐食。汝往到彼,如我词曰:'维摩诘稽首世尊足下,致敬无量,问讯起居,少病少恼，气力安不，愿得世尊所食之余，当于娑婆世界施作佛事，令此乐小法①者得弘大道，亦使如来名声普闻。'"

时化菩萨即于会前，升于上方，举众皆见其去，到众香界，礼彼佛足，又闻其言："维摩诘稽首世尊足下，致敬无量，问讯起居，少病少恼，气力安不，愿得世尊所食之余，欲于娑婆世界施作佛事，使此乐小法者得弘大道，亦使如来名声普闻。"

彼诸大士见化菩萨，叹未曾有："今此上人从何所来？娑婆世界为在何许？云何名为乐小法者？"即以问佛。

佛告之曰："下方度如四十二恒河沙佛土，有世界名娑婆②，佛号释迦牟尼，今现在，于五浊恶世，为乐小法众生敷演道教③；彼有菩萨名维摩诘，住不可思议解脱，为诸菩萨说法，故遣化来，称扬我名，并赞此土，令彼菩萨增益功德。"

彼菩萨言："其人何如，乃作是化，德力无畏，神足若斯！"

佛言："甚大，一切十方皆遣化往，施作佛事，饶益众生！"

于是香积如来以众香钵盛满香饭，与化菩萨。

时彼九百万菩萨俱发声言："我欲诣娑婆世界供养释迦牟尼佛，并欲见维摩诘等诸菩萨众。"

佛言："可往。摄汝身香，无令彼诸众生起惑著心，又当舍汝本形，勿使彼国求菩萨者，而自鄙耻。又汝于彼莫怀轻贱，而作碍想。所以者何？十方国土，皆如虚空，又诸佛为欲化诸乐小法者，不尽现其清净土耳。"

[注释]

① 小法：与大乘佛教追求成就佛道、普度众生相比，小乘佛教只关注自己解脱烦恼、出离三界、成就阿罗汉果，从不希求无上大道，因而被斥为小法，即小乘佛法之意。

② 娑婆：意译为堪忍，佛教认为，生活在我们这个世界的众生，堪能忍受十恶三毒及诸烦恼而不肯出离，故名堪忍世界，简称堪忍或者忍土。

③ 道教：有道之教，此处指佛教。

这一部分叙述了维摩诘遣化菩萨前往香积世界请取香饭，并与彼大众同还娑婆世界的事情。

[译文]

于是，舍利弗心中暗想："中午就要到了，这么多菩萨应当在哪儿就餐呢？"

其时维摩诘心知其意，他说道："佛说八种解脱，仁者信受奉行，怎么能在听闻佛法时掺杂着想要吃饭的想法呢？如果想吃饭了，请等一小会儿，一定会让你吃到从未吃到过的美食。"

当时维摩诘就进入三昧禅定之中，运用其神通力，向大众展示出上方世界的情形，在四十二恒河沙数的佛土之外，有一国土，名唤众香，佛号香积，现在正好在世。这个国土的香气，与十方诸佛世界人天之香相比，是最好的。这里没有声闻、辟支佛的名称，只有清净大菩萨众，香积佛为他们演说佛法。那个国土中的一切，都是用香料做成的，其楼阁、行径、香地、林苑、花园都非常芳香，其食物的香气更是遍流十方无量多的世界。当时，那个国土的香积佛与诸位菩萨坐在一起，正在就餐，诸多天子，名字都叫香严，全都发心希求无上正等正觉，供养香积佛和众位菩萨，维摩诘室中的诸多大众，对于上述香积佛国的情景，都亲眼看到了。

当时维摩诘询问各位菩萨："诸位仁者，谁可以请来香积佛的饭食？"

由于大家深知文殊师利具有威神之力，故而都默然不语。

维摩诘说："与会大众人员这么多，难道不觉得羞耻吗？"

文殊师利说:"如佛所说,不要轻视尚未学道的众生。"

于是维摩诘也没有起身离座,就在与会大众面前,幻化出一位菩萨,相貌端正,形象光明,非常具有威严感,与会大众无人可以比拟,维摩诘对他说:"你往上方世界,越过四十二恒河沙数的国土,到一处国土,名唤众香,佛号香积,与各位菩萨坐在一起,正要用餐。你到那里,像我这样运用辞令说道:'维摩诘稽首于世尊足下,向您致以无量敬意,问候您起居正常,没有病痛,没有烦恼,气力舒适,愿意获得世尊吃剩的饭食,以便在娑婆世界布施大众举办佛事,让我们那里喜欢小乘佛法的众生,得以弘扬大乘菩萨道,也使如来的名声广为人知。'"

当时维摩诘所幻化出来的那位菩萨就在大众面前,升到上方,全体人员都看到他离开这里,来到众香国界,顶礼致敬香积佛足下,还听见他说:"维摩诘稽首于世尊足下,向您致以无量敬意,问候您起居正常,没有病痛,没有烦恼,气力舒适,愿意获得世尊吃剩的饭食,以便在娑婆世界布施大众举办佛事,让我们那里喜欢小乘佛法的众生,得以弘扬大乘菩萨道,也使如来名声广为人知。"

那里的诸多大菩萨,看见这位幻化出来的菩萨,无不感叹这是前所未有的事情:"这位上人是从什么地方来的?娑婆世界在什么地方?什么是喜欢小乘佛法?"他们这样询问香积佛。

香积佛告诉他们说:"在我们的下方,度过四十二恒河沙数的国土,有一世界,名叫娑婆,彼佛名号释迦牟尼,如今正在住持教化,为五浊恶世中喜欢小乘佛法的众生演说佛法;那里有一位菩萨,名叫维摩诘,已经达到不可思议解脱的境界,正在为各位大菩萨演说佛法,因此派遣这位幻化出来的菩萨前来,称赞表扬我的美名,并赞美这个国土,从而使那里的菩萨增大功德。"

那里的菩萨说:"那位维摩诘是何等样人,竟然能幻化出这样的菩萨,具有威德之力,无所畏惧,还有这么大的神通之力!"

香积佛说:"维摩诘的神力非常巨大,一切十方世界,他都能派遣自己幻化出来的菩萨前往,广行布施,举办佛事,给众生带来巨大的利益!"

于是,香积如来拿出众香钵,盛满香饭,交给维摩诘幻化出来的菩萨。

当时那里的九百万菩萨们一起发声说道:"我们想到那娑婆世界,供养释迦牟尼佛,并且想见一见维摩诘等诸多的菩萨。"

香积佛说:"可以前去。但要收摄起你们身上的香气,不要让那里诸多众生心中生起疑惑,产生执着,并且还要舍弃你们本来的身形,不要让那里希望成为菩萨的众生自惭形秽,心生羞耻。而且你们对那里也不要怀有轻贱之心,从而形成有所妨碍的想法。为什么呢?十方世界的国土本来就像虚空一样空无所有,而且诸佛如来为了教化喜欢小乘佛法的众生,也不完全展现自己清净无比的国土。"

时化菩萨既受钵饭,与彼九百万菩萨俱,承佛威神,及维摩诘力,于彼世界,忽然不现,须臾之间,至维摩诘舍。

时维摩诘即化作九百万师子之座,严好如前,诸菩萨皆坐其上。是化菩萨以满钵香饭与维摩诘,饭香普熏毗耶离城,及三千大千世界。时毗耶离婆罗门、居士等,闻是香气,身意快然,叹未曾有。于是长者主月盖①从八万四千人,来入维摩诘舍,见其室中菩萨甚多,诸师子座,高广严好,皆大欢喜,礼众菩萨及大弟子,却住一面。诸地神、虚空神及欲、色界诸天,闻此香气,亦皆来入维摩诘舍。

时维摩诘语舍利弗等诸大声闻:"仁者可食,如来甘露味饭,大悲所熏,无以限意食之,使不消也。"

有异声闻念:"是饭少,而此大众人人当食?"

化菩萨曰:"勿以声闻小德小智,称量如来无量福慧!四海有竭,此饭无尽。使一切人食,揣若须弥,乃至一劫,犹不能尽。所以者何?无尽戒、定、智慧、解脱、解脱知见功德具足者,所食之余,终不可尽。"

于是钵饭悉饱众会,犹故不儩②。其诸菩萨、声闻、天、人,食此饭者,身安快乐,譬如一切乐庄严国诸菩萨也,又诸毛孔皆出妙香,亦如众香国土诸树之香。

[注释]

① 长者主月盖:依据此经翻译者鸠摩罗什的注释,当时毗耶离没有国王,五百居士共治国政,公推月盖长者为首领,故称长者主月盖。

② 儩:尽、完之意。

这一部分叙述了维摩诘以所请香饭供养大众之事。

[译文]

当时维摩诘幻化出来的菩萨已经接受了满钵的香饭,便与香积世界的九百万菩萨一道,承受如来威神与维摩诘之力的加持,在香积世界忽然消失不见,须臾之间,便来到了维摩诘家中。

当时维摩诘立即幻化出九百万师子座,装饰美好,一如先前的那些师子座,那些菩萨都各自坐于其上。维摩诘所幻化出来的菩萨就把满钵的香饭交给维摩诘,其香气弥漫在整个毗耶离城,以及三千大千世界。当时毗耶离城中的婆罗门、居士闻到这股香气,普遍感受到身心愉快,无不赞叹这是前所未有的事情。于是城中诸位长者的领袖月盖便带领八万四千人进入维摩诘室中,看见他居室中竟然有如此众多的菩萨，又有如此众多的师子座，高大广博、装饰精美，无不欢喜非常，向众菩萨、各位大弟子行礼致敬，然后退住一旁。各位地神、虚空神和欲界、色界诸多天人，闻到这股香气，也都进入维摩诘居室中来。

这时维摩诘对舍利弗等诸位声闻大弟子说："仁者，可以食用了，这是具有如来甘露美味的饭食，受到如来大悲的熏染，不要怀着有限的心意来食用，因为那样会使自己无法消受的。"

有位声闻心中暗想："饭食就这么一点，而这里大众如此众多，难道人人都应当受食吗？"

维摩诘幻化出来的那位菩萨说："不要用小乘的微小功德、微小智慧衡量如来的无量福德智慧！即便四大海水都枯竭了，这钵香饭也不会被吃完。即便世间一切人都来食用，哪怕每人所持香饭如须弥山一样大，即使历时一劫，也仍然不能吃完。为什么呢？因为这香饭是具足戒、定、智慧、解脱及解脱知见等各种功德的如来世尊所吃不完的，因此是无法吃完的。"

于是这钵香饭不仅让所有与会大众都吃得饱饱的，而且还有剩余。那些菩萨、声闻、天、人，凡是食用了香饭的，也都感到身体安逸，心情快乐，就如同一切乐庄严国土中的菩萨一样，而且他们的毛孔都散发出奇妙的香味，与众香国土的树木散发的香味一样。

尔时，维摩诘问众香菩萨："香积如来以何说法？"

彼菩萨曰："我土如来无文字说，但以众香令诸天、人得入律行。菩萨各各坐香树下，闻斯妙香，即获一切德藏三昧。得是三昧者，菩萨所有功德皆悉具足。"

彼诸菩萨问维摩诘："今世尊释迦牟尼以何说法？"

维摩诘言:"此土众生刚强难化,故佛为说刚强之语①以调伏之。言是地狱、是畜生、是饿鬼,是诸难处,是愚人生处;是身邪行,是身邪行报;是口邪行,是口邪行报;是意邪行,是意邪行报;是杀生,是杀生报;是不与取,是不与取报;是邪淫,是邪淫报;是妄语,是妄语报;是两舌,是两舌报;是恶口,是恶口报;是无义语,是无义语报;是贪嫉,是贪嫉报;是瞋恼,是瞋恼报;是邪见,是邪见报;是悭吝,是悭吝报;是毁戒,是毁戒报;是瞋恚,是瞋恚报;是懈怠,是懈怠报;是乱意,是乱意报;是愚痴,是愚痴报;是结戒,是持戒,是犯戒;是应作,是不应作;是障碍,是不障碍;是得罪,是离罪;是净,是垢;是有漏,是无漏;是邪道,是正道;是有为,是无为;是世间,是涅槃。以难化之人,心如猿猴,故以若干种法,制御其心,乃可调伏。譬如象马,忧悷不调②,加诸楚毒,乃至彻骨,然后调伏。如是刚强难化众生,故以一切苦切之言,乃可入律。"

彼诸菩萨闻说是已,皆曰:"未曾有也,如世尊释迦牟尼佛,隐其无量自在之力,乃以贫所乐法,度脱众生。斯诸菩萨亦能劳谦,以无量大悲,生是佛土。"

[注释]

① 刚强之语:如来说法的时候运用三种语言:一、软善语,说善行乐果,使众生爱慕乐果,故而发起善行;二、刚强语,说恶行苦果,使众生恐惧恶果而杜绝恶行;三、杂说,赞善毁恶之语,使众生择善而从,见恶知改。

② 忧悷不调:性情凶暴,愚顽难化,有如钝马,非有彻骨之苦,不能改变其心志和习气。

在这一部分中,维摩诘总结了此土释迦牟尼佛讲经说法教化众生的特点。

[译文]

这时,维摩诘问众香国过来的菩萨:"香积如来是怎样说法的?"

从众香国过来的菩萨回答道:"我们国土的如来,说法时没有文字,只是利用各种各样的香气,就可以让诸多的天人在行为上接受戒律的约束。菩萨们各自坐在香树下,一闻到奇妙的香气,就可以获得包含一切功德的三昧禅定。获得这种三昧的众生,凡是菩萨所应具有的一切功德,都具足了。"

从众香国过来的菩萨问维摩诘:"如今的世尊释迦牟尼佛是怎样说法的?"

维摩诘说:"这个国土上的众生,非常刚强,难以教化,因此佛就讲一些非常刚强的话语,以便调伏他们。对他们说,这是地狱、这是畜生、这是饿鬼,这是遭受磨难的去处,这是愚蠢之人受生之处;这是身业邪行,这是身业邪行的果报;这是口业邪行,这是口业邪行的果报;这是意业邪行,这是意业邪行的果报;这是杀生,这是杀生的果报;这是不与而取的偷盗行为,这是不与而取偷盗行为的果报;这是男女不正当的性关系,这是男女不正当性关系的果报;这是妄语,这是妄语的果报;这是搬弄是非,这是搬弄是非的果报;这是恶语伤人,这是恶语伤人的果报;这是无义语,这是无义语的果报;这是贪婪嫉妒,这是贪婪嫉妒的果报;这是瞋恨恼怒,这是瞋恨恼怒的果报;这是邪见,这是邪见的果报;这是悭吝,这是悭吝的果报;这是毁犯戒律,这是毁犯戒律的果报;这是瞋恚,这是瞋恚的果报;这是懈怠,这是懈怠的果报;这是意念散乱,这是意念散乱的果报;这是愚昧无知,这是愚昧无知的果报;这是结戒,这是持戒,这是犯戒;这是应当做的,这是不应当做的;这是修行中的障碍,这是不修行中的障碍；这样会陷入罪恶，这样能脱离罪恶；这是清净的，这是秽垢的；这是有漏之法，这是无漏之法；这是邪道，这是正道；这是有为之法，这是无为之法；这是世间，这是涅槃。这里的人们难以教化，他们的内心就像猿猴一样，因此不得不运用各种各样的法门，去制伏、驾驭、控制他们的内心，才能将其调伏。这就像对待猛象与烈马一样，其性刚强，桀骜不驯，必须捶楚拷打，甚至使其有彻骨之痛，然后才能将其调伏。对于这样性格刚强、难以教化的众生，因而必须运用一切苦难逼切的语言，才能使他们接受戒律的约束。"

来自众香国的菩萨听说之后，纷纷表示："这真是从未有过的事情，就如世尊释迦牟尼佛，隐藏起自己无量无边的神通自在之力，运用贫乏者所乐于接受的教化之法去度化众生，使众生解脱出来。这里的菩萨任劳任怨，谦虚谨慎，怀着无量的大悲之心，受生于释迦如来的国土上。"

维摩诘言："此土菩萨于诸众生大悲坚固，诚如所言。然其一世饶益众生，多于彼国百千劫行。所以者何？此娑婆世界有十事善法，诸余净土之所无有。何等为十？以布施摄贫穷，以净戒摄毁禁，以忍辱摄瞋恚，以精进摄懈怠，以禅定摄乱意，以智慧摄愚痴，说除难法度八难者，以大乘法度乐小乘者，以诸善根济无德者，常以四摄成就众生，是为十。"

彼菩萨曰："菩萨成就几法，于此世界行无疮疣，生于净土？"

维摩诘言："菩萨成就八法，于此世界行无疮疣，生于净土。何等为八？饶益众生，而不望报；代一切众生受诸苦恼，所作功德尽以施之；等心众生，谦下无碍；于诸菩萨视之如佛；所未闻经，闻之不疑；不与声闻而相违背；不嫉彼供，不高己利，而于其中调伏其心；常省己过，不讼彼短，恒以一心求诸功德。是为八法。"

维摩诘、文殊师利于大众中说是法时，百千天人皆发阿耨多罗三藐三菩提心，十千菩萨得无生法忍。

[注释]

在这一部分中，维摩诘对此土菩萨的修行进行了总结。

[译文]

维摩诘说："在这个国土上的菩萨，对于众生的大悲之心，都非常坚固，就像你们所说的那样。但他们在一生一世之中，给众生所带来的丰富利益，却是比在其他佛土上历尽百千万劫的修行还要多。为什么呢？在这个娑婆世界中，有十事善法，是其他佛国净土所没有的。哪十事呢？就是以布施摄化贫穷之人，以清净的戒律摄受毁犯禁戒的行为，以忍受侮辱包容瞋恚的心理，以精进不息杜绝松懈和怠惰，以禅定之法防止心意散乱，以智慧克服愚痴，演说消除难处的方法来度脱八难，以大乘法门度化那些乐于修习小乘法者，以各种善良的根性济度那些无德之人，经常以布施、爱语、利行、同事四摄法帮助众生获得修行的成就，是这十事。"

来自众香国的菩萨说："菩萨成就几种法门，在此世界上修行才能没有缺憾，可以得生净土？"

维摩诘说："菩萨成就八种法门，在此世界上修行就能没有缺憾，可以得生净土。哪八种？给众生带来丰富的利益，但不指望获得任何的回报；代替一切众生承受各种各样苦恼的折磨，将所作的功德都布施出来；在内心之中平等地看待众生，恭谦下人，无所障碍；对于所有的菩萨，都以佛视之；对于从未听说过的经典，听后不生疑惑；不与小乘声闻的教法产生冲突；不嫉妒别人获得的供养，不炫耀自己获得的利益，能够在这方面调伏自心；经常反省自己的过失，不去指责他人的短处，持之以恒、专心致志地追求各种功德。这就是成就八种法门。"

维摩诘、文殊师利在大众之中论说这些佛法时，成百上千的天人都发心希求无上正等正觉，其中有一万菩萨证得了无生法忍。

菩萨行品第十一

是时,佛说法于庵罗树园,其地忽然广博严事,一切众会皆作金色。

阿难白佛言:"世尊,以何因缘,有此瑞应?是处忽然广博严事,一切众会皆作金色。"

佛告阿难:"是维摩诘、文殊师利,与诸大众恭敬围绕,发意欲来,故先为此瑞应。"

于是维摩诘语文殊师利:"可共见佛,与诸菩萨礼事供养。"

文殊师利言:"善哉,行矣,今正是时。"

维摩诘即以神力,持诸大众并师子座,置于右掌,往诣佛所。到已著地,稽首佛足,右绕七匝,一心合掌,在一面立。其诸菩萨即皆避座,稽首佛足,亦绕七匝,于一面立。诸大弟子、释、梵、四天王等,亦皆避座,稽首佛足,在一面立。于是世尊如法慰问诸菩萨已,各令复坐,即皆受教。

众坐已定,佛语舍利弗:"汝见菩萨大士,自在神力之所为乎?"

"唯然,已见!"

"汝意云何?"

"世尊,我睹其为不可思议,非意所图,非度所测。"

[注释]

这一部分叙述了维摩诘与文殊师利及诸大众共同到庵罗树园礼佛的事情。

[译文]

当时,佛正在庵罗树园中讲经说法,园林之地忽然变得开阔庄严,一切与会大众都散发出金色的光芒。

阿难向佛禀报说:"世尊,这是什么缘故,出现了这样祥瑞的景象?这里忽然变得开阔庄严,一切与会大众都散发出金色的光芒。"

佛告诉阿难:"这是维摩诘、文殊师利,还有诸多恭敬环绕的大众,发心起意,想来此处,故而提前显示出这些祥瑞景象。"

于是维摩诘对文殊师利说:"可以共同去见如来,与各位菩萨一起进行礼拜、侍奉、供养。"

文殊师利说:"善哉,走吧,现在正是最为合适的时候。"

维摩诘于是运用其神通之力,将与会大众,还有师子座,放在右掌之上,前往佛的所在。到了之后,稽首佛足,右行绕佛七匝,凝心合掌,站立一边。所有的菩萨,也都站起身来,离开座位,稽首佛足,也都右行绕佛七匝,站立一边。诸位声闻大弟子、帝释天、大梵天王、四大天王等,也都站起身来,离开座位,稽首佛足,站立一边。于是世尊按照佛法律仪对诸位菩萨进行慰问之后,就让他们各自就座,大众也就按照如来的吩咐,坐了下来。

坐定之后,佛问舍利弗说:"你看到菩萨大士们自在神力的所作所为了吗?"

舍利弗说:"是的,已经看见了!"

佛又问舍利弗:"你觉得怎么样?"

舍利弗回答道:"世尊,我看见他们是如此不可思议,这不是我能意料的,也不是我能测度的。"

尔时,阿难白佛言:"世尊,今所闻香,自昔未有,是为何香?"

佛告阿难:"是彼菩萨毛孔之香。"

于是舍利弗语阿难言:"我等毛孔亦出是香。"

阿难言:"此所从来?"

曰:"是长者维摩诘,从众香国,取佛余饭,于舍食者,一切毛孔皆香若此。"

阿难问维摩诘:"是香气住当久如?"

维摩诘言:"至此饭消。"

曰:"此饭久如当消?"

曰:"此饭势力至于七日,然后乃消。又,阿难,若声闻人未入正位,食此饭者,得入正位,然后乃消;已入正位,食此饭者,得心解脱,然后乃消。若未发大乘意,食此饭者,至发意乃消;已发意食此饭者,得无生忍,然后乃消;已得无生忍,食此饭者,至一生补处,然后乃消。譬如有药,名曰上味,其有服者,身诸毒灭,然后乃消。此饭如是,灭除一切诸烦恼毒,然后乃消。"

阿难白佛言:"未曾有也,世尊,如此香饭能作佛事!"

佛言:"如是,如是,阿难!或有佛土以佛光明而作佛事,有以诸菩萨而作佛事,有以佛所化人而作佛事,有以菩提树而作佛事,有以佛衣服、卧具而作佛事,有以饭食而作佛事,有以园林台观而作佛事,有以三十二相、八十随形好而作佛事,有以佛身而作佛事,有以虚空而作佛事。众生应以此缘得入律行。有以梦、幻、影、响、镜中像、水中月、热时焰,如是等喻而作佛事,有以音声、语言、文字而作佛事,或有清净佛土、寂寞无言、无说、无示、无识、无作、无为，而作佛事。如是，阿难，诸佛威仪进止，诸所施为，无非佛事。阿难，有此四魔，八万四千诸烦恼门，而诸众生为之疲劳，诸佛即以此法而作佛事，是名入一切诸佛法门。菩萨入此门者，若见一切净好佛土，不以为喜，不贪不高；若见一切不净佛土，不以为忧，不碍不没；但于诸佛生清净心，欢喜恭敬，未曾有也。诸佛如来功德平等，为化众生故，而现佛土不同。阿难，汝见诸佛国土，地有若干，而虚空无若干也。如是见诸佛色身有若干耳，其无碍慧无若干也。阿难，诸佛色身、威相、种性、戒、定、智慧、解脱、解脱知见、力、无所畏、不共之法、大慈、大悲、威仪所行，及其寿命，说法教化，成就众生，净佛国土，具诸佛法，悉皆同等，是故名为三藐三佛陀①，名为多陀阿伽度②，名为佛陀。阿难，若我广说此三句义，汝以劫寿，不能尽受；正使三千大千世界满中众生，皆如阿难多闻第一，得念总持，此诸人等，以劫之寿，亦不能受。如是，阿难，诸佛阿耨多罗三藐三菩提，无有限量，智慧辩才不可思议。"

阿难白佛言："我从今已往，不敢自谓以为多闻。"

佛告阿难："勿起退意。所以者何？我说汝于声闻中为最多闻，非谓菩萨。且止，阿难，其有智者不应限度诸菩萨也，一切海渊尚可测量，菩萨禅定、智慧、总持、辩才一切功德不可量也。阿难，汝等舍置菩萨所行，是维摩诘一时所现神通之力，一切声闻、辟支佛于百千劫，尽力变化所不能作。"

[注释]

① 三藐三佛陀：又云三耶三佛、三耶三佛檀，乃佛十号之第三，旧译为正遍知、等正觉等，新译为正等觉。对于外道邪觉，称罗汉为正觉；对于罗汉偏觉，称菩萨为等觉；对于菩萨分觉，称佛为正等觉。

② 多陀阿伽度：又作怛闼阿竭、多陀阿伽陀等，意译即如来。

这一部分中，佛就众香国以香味为佛事，讲说了作佛事的诸多方式方法，并指出其中的关键在于生起清净心。

[译文]

这时，阿难问佛说："世尊，我现在所闻到的香气，往昔从未有过，这是什么香？"

佛告诉阿难说："是从那些菩萨身上毛孔中散发出来的香气。"

于是舍利弗对阿难说："我们身上毛孔中，也散发出这样的香气。"

阿难问舍利弗："这香是从何而来的？"

舍利弗回答道："这是长者维摩诘从众香国取来香积佛的剩饭，凡在其居室之中吃到此饭的，一切毛孔都会散发出这样的香气。"

阿难问维摩诘："这香气能维持多久？"

维摩诘说："直到这香饭被完全消化。"

阿难问："这香饭多久才能被完全消化？"

维摩诘说："这香饭的力量，可以维持七天，然后就被完全消化了。还有，阿难，如果声闻弟子没有证得无漏境界，吃了这香饭，那么直到证得无漏境界，才会被完全消化；如果已经证得无漏境界，吃了这香饭，那么要到其心获得了解脱，才会被完全消化。如果没有发心修学大乘，吃了这香饭，那么要到发心修学大乘才会完全消化；如果已经发心修学大乘，吃了这香饭，那么要到证得无生法忍之后，才会被完全消化；如果已经证得无生法忍，吃了这香饭，那么要到一生补处的位次，才会被完全消化。这就如同一种名为上味的药品，如果有人服用的话，一定要等到身上病毒灭除净尽之后，其药力才会完全消除。这香饭也是如此，要等到彻底灭除了一切烦恼的毒害，然后才会被完全消化。"

阿难对佛说："真是前所未有，世尊，像这样的香饭，竟然能够用来作佛事。"

佛说："是这样的，是这样的，阿难！有的佛土运用佛身的光明作佛事，有的通过诸位菩萨作佛事，有的运用佛所幻化出来的人物作佛事，有的运用菩提树作佛事，有的运用佛的衣服、卧具作佛事，有的运用佛的饭食作佛事，有的运用园林、台观作佛事，有的运用三十二相、八十种随形好作佛事，有的运用佛的身相作佛事，有的运用虚空作佛事。众生就是应该通过这些因缘接受佛教的律仪。有的以梦、幻、影、响、镜中像、水中月、热时焰，如此之类的譬喻作佛事，有的以音声、语言、文字作佛事，有的以清净佛土、寂寞无言、无说、无示、无有分别、无有造作、无有作为作佛事。如此之类，阿难，诸佛如来所显示出来的威仪进止，以及各种施舍作为，其实无非就是佛事。阿难，因为有天魔、死魔、欲魔、烦恼魔，有八万四千种不同的烦恼法门，而一切众生都因此烦恼疲惫不堪，诸佛如来就运用这种方法来作佛事，这就叫作入一切诸佛法门。凡进入这一法门的菩萨，如果见到一切清净美好的佛土而不心生欢喜，不贪著，不自傲；如果见到一切污秽不净的国土而不心生忧愁，无所障碍，毫不气馁；只是对于十方诸佛生出清净心意，欢喜恭敬，这就是前所未有。诸佛如来的功德是平等无差别的，为了教化众生而显现出来的国土各不相同。阿难，你看到诸佛国土的地形有许多种类，但虚空没有种类的差异。与此类似，人们可以看到诸佛的色身有诸多的差异，而其无碍智慧则没有种类的不同了。阿难，诸佛如来的色身、威相、种性、持戒、修定、智慧、解脱、解脱知见、十力、四无所畏、十八不共法、大慈、大悲、威仪所行以及其住世寿命、说法教化、成就众生、净佛国土、具足佛法，都是完全同等的，这就叫三藐三佛陀，这就叫多陀阿伽度，这就叫佛陀。阿难，如果我详细解说这三个词的含义，即便你有一劫那么长的寿命，也听受不尽；即使三千大千世界，充满其中的众生，都与阿难一样为多闻第一，并且具有忆念总持的能耐，而且这些人还都具有一劫之寿，也不能完全听受。就是这样，阿难，诸佛如来的无上正等正觉是没有限量的，其智慧辩才是不可思议的。"

阿难对佛说道："我从今以往，再不敢说自己是多闻第一了。"

佛告诉阿难："不要生起退却之意。为什么呢？我只是说你在声闻大众中最为多闻，并不是说在菩萨大众中。暂且停下吧，阿难，有智慧的人是不应当以有限来衡量各位菩萨的，一切大海深渊都可以测量，但菩萨的禅定、智慧、总持佛法、无碍辩才，这一切功德，却是不可测度的。阿难，你们舍置了菩萨所行，而维摩诘一时展现出来的神通之力，则是一切声闻、辟支佛于百千劫中，尽力变化，也不能做出的。"

尔时，众香世界菩萨来者，合掌白佛言："世尊，我等初见此土，生下劣想，今自悔责，舍离是心。所以者何？诸佛方便，不可思议，为度众生故，随其所应，现佛国异。唯然，世尊，愿赐少法，还于彼土，当念如来。"

佛告诸菩萨："有尽无尽解脱法门，汝等当学。何谓为尽？谓有为法。何谓无尽？谓无为法。如菩萨者，不尽有为，不住无为。

"何谓不尽有为？谓不离大慈，不舍大悲；深发一切智心，而不忽忘；教化众生，终不厌倦；于四摄法，常念顺行；护持正法，不惜身命；种诸善根，无有疲厌；志常安住，方便回向；求法不懈，说法无恡；勤供诸佛，故入生死而无所畏；于诸荣辱，心无忧喜；不轻未学，敬学如佛；堕烦恼者，令发正念；于远离乐，不以为贵；不著己乐，庆于彼乐；在诸禅定，如地狱想；于生死中，如园观想；见来求者，为善师想；舍诸所有，具一切智想；见毁戒人，起救护想；诸波罗蜜，为父母想；道品之法，为眷属想；发行善根，无有齐限；以诸净国严饰之事，成己佛土；行无限施，具足相好；除一切恶，净身口意；生死无数劫，意而有勇；闻佛无量德，志而不倦；以智慧剑，破烦恼贼；出阴界入，荷负众生，永使解脱；以大精进，摧伏魔军；常求无念实相智慧行；少欲知足，而不舍世法；不坏威仪而能随俗；起神通慧，引导众生；得念总持，所闻不忘；善别诸根，断众生疑；以乐说辩，演法无碍；净十善道，受天、人福；修四无量，开梵天道；劝请说法，随喜赞善，得佛音声；身口意善，得佛威仪；深修善法，所行转胜；以大乘教，成菩萨僧；心无放逸，不失众善。行如此法，是名菩萨不尽有为。

"何谓菩萨不住无为？谓修学空，不以空为证；修学无相、无作，不以无相、无作为证；修学无起，不以无起为证；观于无常，而不厌善本；观世间苦，而不恶生死；观于无我，而诲人不倦；观于寂灭，而不永寂灭；观于远离，而身心修善；观无所归，而归趣善法；观于无生，而以生法荷负一切；观于无漏，而不断诸漏；观无所行，而以行法教化众生；观于空无，而不舍大悲；观正法位，而不随小乘；观诸法虚妄，无牢无人，无主无相，本愿未满，而不虚福德、禅定、智慧。修如此法，是名菩萨不住无为。又具福德故，不住无为；具智慧故，不尽有为。大慈悲故，不住无为；满本愿故，不尽有为。集法药故，不住无为；随授药故，不尽有为。知众生病故，不住无为；灭众生病故，不尽有为。诸正士菩萨已修此法，不尽有为、不住无为，是名尽无尽解脱法门,汝等当学!"

尔时,彼诸菩萨闻说是法,皆大欢喜,以众妙华,若干种色,若干种香,散遍三千大千世界,供养于佛,及此经法,并诸菩萨已,稽首佛足,叹未曾有,言:"释迦牟尼佛乃能于此善行方便。"言已,忽然不现,还到彼国。

[注释]

在这一部分中,释迦牟尼佛为众香国的诸位大菩萨讲说了尽无尽解脱法门。

[译文]

这时候,从众香国过来的菩萨,合掌向佛禀报说:"世尊,我们刚一见到此方国土,心中便生起下等、劣质的想法,现在感到非常后悔,颇有自责之意,已经舍弃、脱离了这种想法。为什么呢?因为诸佛如来的方便是不可思议的,为了度化众生,随顺众生适宜的法门,显现出佛国的差异。就是这样,世尊,现在但愿能赐给我们一点儿佛法,等我们回到众香国土时,应当会经常思念如来的。"

佛告诉诸位菩萨:"有尽无尽法门,你们应该修学。什么是尽?指有为法。什么是无尽?指无为法。如果是菩萨,则不断绝有为法,不执着无为法。

"什么是不尽有为?就是不背离大慈,不舍弃大悲;从内心深处发起一切智心,从不疏忽忘却;教诲和化导众生,最终不会心生厌倦;对于布施、爱语、利行、同事四摄之法,时常考虑着顺缘而行;为了护持佛教的正法,甚至不顾惜自己的身家性命;为了培植行善的根苗,不会感到疲乏和厌倦;志愿可以得到保持和维系,运用种种方便,将功德回向给众生;追求佛法从不懈怠,讲经说法，亦无吝惜；殷勤供养诸佛如来，因此对于投入生死轮回之中无所畏惧；对于世间各种荣华和侮辱，内心既无忧虑也无欢喜；不轻视那些尚未进入佛道的人们，尊敬他们，向他们学习，对他们就好像对佛一样；对于堕入烦恼中的众生，让他们发起正确的心念；对于远离世俗的快乐，不认为有多么珍贵；不执着自己的快乐，但却非常庆幸别人获得的快乐；在各种禅定中，要生起如同处于地狱之中的想法；在生死轮回中，要生起如同观赏园林的想法；遇见有求于己者，应当视之为良师益友；舍弃了一切所有之物，想到自己真正追求的是具足一切智；见到那些毁犯禁戒的人，要生起救护他们的想法；对于各种波罗蜜，要生起视之为父母的想法；对于三十七道品，要生起视之为眷属的想法；发起善根并促进其增长，永远没有边际的限定；运用一切清净佛国美好庄严的事物，成就自己的佛土；实践无限的布施，使自己具备足够多的大人相和随形好；断除一切恶，使自己身口意三业都得以清净无染；经历过无数劫的生死，意念坚定，依然勇敢；听说佛有无量的功德，立志追求永远不会感到疲倦；运用智慧的宝剑，破除烦恼的盗贼；出离五蕴、十八界、十二入所构成的色心之法，将众生担负起来，使其获得永久的解脱；以勇猛精进的毅力，摧灭、制伏一切魔军的扰害；恒常修习无念之法，具有不执着于相的智慧；虽然修学少欲知足的法门，但不舍弃一切世间之法；虽然保持自己的威严仪表，但却能够随顺世俗的习惯；可以发起神通智慧，对众生实施正确的引导；获得忆念总持的能力，一经听闻，便能永不忘失；善于分别众生的根器，断除众生的疑惑；运用其乐于说法的辩才，演讲佛法毫无障碍；修行清净无染的十善业道，享受人天福报；修习慈、悲、喜、舍四无量心，开启了往生梵天的方式方法；劝请诸佛如来演说佛法，能够随其所闻，心生欢喜，并予以称赞和表彰，获得佛那样的美妙音声；身、口、意三业都非常善良，获得佛的威严和行仪；深入修习各种善法，使其所做更为殊胜；坚持修学大乘佛教的教法，成为具有菩萨品行的僧人；内心时刻都不放逸，因此不会错过各种善行。实践这样的法门，就叫作菩萨不尽有为。

"什么是菩萨不住无为？是说虽然修学空解脱门，但却不以证得诸法空性为究竟；虽然修学无相、无作解脱门，但却不以证得无相、无作为究竟；虽然修学诸法无起解脱门，但却不以证得诸法无起为究竟；虽然观照诸行无常，但却从不厌倦修行根本善法；虽然观照世间众苦充满，但却并不厌恶世间生死；虽然观照诸法无我，但却仍然坚持诲人不倦；虽然观照涅槃寂静、患累永灭，但却不证入涅槃；虽然观照远离，但却坚持修行身心善行；虽然观照诸法无所归趣，但却坚持以善法作为归趣；虽然观照无生之理，但却能以缘生之法荷负起一切重任；虽然观照无漏之法，但却并不断绝世间的各种有漏法门；虽然观照诸法无所行，但却仍以佛教的各种修行方法教导化度众生；虽然观照一切诸法本性空无，但却不舍弃大悲之心；虽然观照证入涅槃正位，但却不会追随小乘证入涅槃；虽然观照诸法虚妄，毫无牢固性、主体性、主观性、表现性可言，但只要是自己本来的意愿还没有获得满足，就不会认为福德、禅定、智慧是虚妄的。修习如上所说的这些法门，就叫作菩萨不住于无为。还有，因为具有福德，所以不执着于无为；因为具有智慧，所以并未放弃有为。因为具有大慈悲，所以不执着于无为；因为满足本愿的缘故，所以并未放弃有为。因为采集法药，所以不执着于无为；因为随众生病而施舍法药，所以并未放弃有为。因为了解众生病患，所以不执着于无为；因为灭除众生病患，所以并未放弃有为。诸位正士菩萨，已经修持这些法门，不放弃有为，又不执着于无为，就叫作尽无尽解脱法门，你们应当修学！"

这时候，从众香国而来的菩萨听说此法，都非常欢喜，以众多的奇妙之花，具有各种色彩，各种芳香，散至三千大千世界，供养释迦牟尼佛，供养此处所说的佛法，供养在座的各位菩萨。然后稽首佛足，赞叹这是前所未有的盛事，他们都说："只有释迦牟尼佛才能在这里实行善巧方便。"说完之后，忽然消失，返回了他们的众香国。

见阿閦佛品第十二

尔时，世尊问维摩诘："汝欲见如来，为以何等观如来乎？"

维摩诘言："如自观身实相，观佛亦然。我观如来前际不来，后际不去，今则不住。不观色，不观色如，不观色性。不观受、想、行、识，不观识如，不观识性。非四大起，同于虚空。六入无积，眼、耳、鼻、舌、身、心已过。不在三界，三垢①已离。顺三脱门，具足三明，与无明等。不一相，不异相。不自相，不他相。非无相，非取相。不此岸，不彼岸，不中流，而化众生。观于寂灭，亦不永灭。不此，不彼。不以此，不以彼。不可以智知，不可以识识。

"无晦无明；无名无相；无强无弱；非净非秽；不在方，不离方；非有为，非无为；无示无说；不施不悭；不戒不犯；不忍不恚；不进不怠；不定不乱；不智不愚；不诚不欺；不来不去；不出不入；一切言语道断。非福田，非不福田；非应供养，非不应供养；非取，非舍。非有相，非无相。同真际，等法性。不可称，不可量，过诸称量。非大非小；非见非闻；非觉非知；离众结缚。等诸智，同众生，于诸法无分别。一切无失，无浊无恼。无作无起；无生无灭；无畏无忧；无喜无厌。无已有，无当有，无今有。不可以一切言说分别显示。

"世尊，如来身为若此，作如是观。以斯观者，名为正观。

若他观者,名为邪观。"

[注释]

① 三垢:即贪、瞋、痴三毒,为众生之污垢,故称三垢。

在这一部分中,维摩诘阐述了如来实相无在而无不在的道理。

[译文]

这时,世尊问维摩诘:"你想见如来,你认为应当以何种观法观照如来?"

维摩诘说:"如同观照自身实相一般,观照如来也是这样。我观照如来,从前没有来过,以后不会离去,现在也不会停留。不观照色身,不观照色身的真如,不观照色身的本性。不观照受、想、行、识,不观照受、想、行、识的实相,不观照受、想、行、识的本性。不是从四大生起的,如同虚空那样。不是眼、耳、鼻、舌、身、意六种感官的积累,已经超越眼、耳、鼻、舌、身、意的限度。不在欲界、色界和无色界之中,已经从贪、瞋、痴三种污垢之中解脱出来。顺应空、无相、无作三种解脱法门,具足天眼明、宿命明、漏尽明等三种智慧,与无明平等无别。不是某一种具体的相状,也不是诸多相互差别的相状。不是由自己形成的相状,也不是由其他因素形成的相状。不是没有相状,也不是确定有什么相状。既不在生死此岸,又不在涅槃彼岸,也不在生死与涅槃的中流,但却在教化和引导众生。观照寂灭的境界,但却没有进入永久寂灭的境界中。不在此处,也不在彼处。不依据于此处,也不依据于彼处。不可以通过智慧进行了解,也不可以运用知识加以分别。

"既无所谓昏暗,也无所谓明亮;既不可称其名,又不能摹其相;既不是强大,也不是柔弱;既谈不上清净,也说不上污秽;

不在空间中,又不脱离空间;不是有为,也不是无为;既没有言说,也没有展示;既没有布施,也没有悭吝;既不守持戒律,也没有违背戒律;既没有忍辱,也没有瞋恨;既不是精进,也不是懈怠;既不是禅定,也不是散乱;既不是智慧,也不是愚痴;既不是诚实,也不是欺骗;既不是要到来,也不是要过去;既不是出来,也不是进入;一切语言文字都无法对其加以表述。不是福田,但也并非不是福田;不是应该受到供养的,但也并非不应该受到供养;不是执取,但也不是舍弃。没有形相,但也并非没有形相。与真理实际相等同,与诸法本性相等同。不能称其轻重,无法量其长短,超越了一切称量。既不是大,也不是小;既不可看见,也不能听到;既不可觉察,也不能知晓;解脱了各种结缚,远离了各样的烦恼。等同于一切智慧,无别于一切众生,与诸法浑然无际,无所分别。无所失去,无所污浊,也无所恼乱。既无造作,也无所缘起;既无所生起,也无所还灭;既无所怖畏,也无所忧虑;既无所喜求,也无所厌恶。既没有过去已经存在,也没有将来应当存在,还没有当下的正在存在。即便是运用一切话语和言说,都不足以对其区分、辨别、显现和展示。

"世尊,如来法身就是这个样子,运用这种方式对其进行观照,就叫作正观。如果对其进行其他的观照,便是邪观。"

尔时,舍利弗问维摩诘:"汝于何没①而来生此?"

维摩诘言:"汝所得法有没生乎?"

舍利弗言:"无没生也。"

"若诸法无没生相,云何问言:'汝于何没而来生此?'于意云何?譬如幻师幻作男女,宁没生耶?"

舍利弗言:"无没生也。"

"汝岂不闻佛说诸法如幻相乎？"

答曰："如是。"

"若一切法如幻相者，云何问言：'汝于何没而来生此？'舍利弗，没者为虚诳法，败坏之相；生者为虚诳法，相续之相。菩萨虽没，不尽善本；虽生，不长诸恶。"

是时，佛告舍利弗："有国名妙喜，佛号无动，是维摩诘于彼国没，而来生此。"

舍利弗言："未曾有也，世尊，是人乃能舍清净土，而来乐此多怒害处！"

维摩诘语舍利弗："于意云何？日光出时与冥合乎？"

答曰："不也，日光出时，即无众冥。"

维摩诘言："夫日何故行阎浮提？"

答曰："欲以明照，为之除冥。"

维摩诘言："菩萨如是，虽生不净佛土，为化众生不与愚暗而共合也，但灭众生烦恼暗耳。"

[注释]

① 没：同"殁"，即入灭、消失之意。

在这一部分中，维摩诘阐明了有智慧的菩萨本来无没无生，但可以示现为有没有生，以帮助众生破除愚痴黑暗的道理。

[译文]

这时，舍利弗问维摩诘："你从哪里入灭，而来这里受生？"

维摩诘说："你所证得的法门有先入灭而后受生吗？"

舍利弗说："没有先入灭而后受生。"

维摩诘说："如果诸法并没有示现为先入灭而后受生，为什么还要问：'你从哪里入灭，而来这里受生？'为什么呢？就如同幻师变幻出的男人和女人，难道他们有先入灭而后受生的示现？"

舍利弗说："没有先入灭而后受生。"

维摩诘说："你难道没有听佛说过，一切诸法如同幻化之相？"

舍利弗回答道："是的，我听佛说过。"

维摩诘说："既然一切诸法皆如幻化之相，为什么还要问：'你从哪里入灭，而来这里受生？'舍利弗，所谓没，即入灭，本来就是虚诳之法的败坏之相；所谓生，即受生，实际上就是虚诳之法的相续之相。菩萨即便入灭，其善德根本并未完结；即便受生，也不会增长任何恶业。"

这时，佛告诉舍利弗："有一国度，名叫妙喜，佛号无动，这位维摩诘就是从那里入灭之后而来受生于此的。"

舍利弗说："这真是前所未有之事，世尊，此人竟然能舍离清净国土，喜欢受生在这个多有恼怒毒害的地方！"

维摩诘对舍利弗说："此话怎么说呢？太阳光出来的时候，还会与黑暗会合吗？"

舍利弗回答道："不会，太阳光出来时，也就没有黑暗了。"

维摩诘说："太阳为什么巡行阎浮提呢？"

舍利弗答道："是为了明照大地，消除黑暗。"

维摩诘说："菩萨也是这样，虽然出生在不清净的佛土之上，但为了教化众生，也不会与愚痴黑暗共同会合，只是为了灭除众生的烦恼暗障而已。"

是时大众渴仰，欲见妙喜世界、无动如来，及其菩萨、声闻之众。佛知一切众会所念，告维摩诘言："善男子，为此众会，现妙喜国无动如来，及诸菩萨、声闻之众，众皆欲见。"

于是维摩诘心念:"吾当不起于座,接妙喜国铁围山川、溪谷江河、大海泉源、须弥诸山,及日月星宿、天龙鬼神梵天等宫,并诸菩萨、声闻之众,城邑聚落,男女大小,乃至无动如来,及菩提树,诸妙莲华,能于十方作佛事者。三道宝阶从阎浮提,至忉利天①,以此宝阶,诸天来下,悉为礼敬无动如来,听受经法,阎浮提人,亦登其阶,上升忉利,见彼诸天,妙喜世界成就如是无量功德。上至阿迦尼吒天②,下至水际③,以右手断取,如陶家轮,入此世界,犹持华鬘,示一切众。"

作是念已,入于三昧,现神通力,以其右手,断取妙喜世界,置于此土。

彼得神通菩萨及声闻众,并余天人,俱发声言:"唯然世尊,谁取我去?愿见救护!"

无动佛言:"非我所为,是维摩诘神力所作。"

其余未得神通者,不觉不知己之所往。

妙喜世界,虽入此土,而不增减;于是世界,亦不迫隘,如本无异。

尔时,释迦牟尼佛告诸大众:"汝等且观妙喜世界无动如来,其国严饰,菩萨行净,弟子清白!"

皆曰:"唯然,已见!"

佛言:"若菩萨欲得如是清净佛土,当学无动如来所行之道。"

现此妙喜国时,娑婆世界十四那由他④人,发阿耨多罗三藐三菩提心,皆愿生于妙喜佛土。释迦牟尼佛即记之曰:"当生彼国。"

时妙喜世界于此国土所应饶益,其事讫已,还复本处,举众皆见。

佛告舍利弗:"汝见此妙喜世界及无动佛不?"

"唯然，已见。世尊，愿使一切众生得清净土，如无动佛，获神通力，如维摩诘！世尊，我等快得善利，得见是人亲近供养。其诸众生，若今现在，若佛灭后，闻此经者，亦得善利；况复闻已信解，受持读诵解脱，如法修行。若有手得是经典者，便为已得法宝之藏；若有读诵解释其义，如说修行，即为诸佛之所护念；其有供养如是人者，当知即为供养于佛；其有书持此经卷者，当知其室即有如来；若闻是经能随喜者，斯人即为取一切智；若能信解此经，乃至一四句偈，为他说者，当知此人，即是受阿耨多罗三藐三菩提记。"

[注释]

① 忉利天：位于须弥山顶，帝释天居中，四方各有八天，共有三十三天，故又称三十三天，为欲界第二天。

② 阿迦尼吒天：又作阿迦腻吒天、阿迦尼师吒天，意译为一究竟天、一善天、有顶天，位于第四禅天的最顶位，是色界十八天中最上的天，因它是有形体众生的最高居住之处，所以又称质碍究竟天、色究竟天。

③ 水际：即水轮的边际。大地之下有金轮，金轮之下有水轮，水轮之下有风轮，风轮之下有空轮。此四轮共同维系大地的存在和安稳。

④ 那由他：古印度数目字，又作那庚多、那由多、那术、那述等，大约相当于中国古代的亿。

在这一部分中，维摩诘向大众展示了妙喜世界的殊胜景象，引起大众的歆向之意。

[译文]

这时大众出于如饥似渴的仰慕之意，都想见识一下妙喜世界、无动如来，以及那里的菩萨、声闻等大众。佛知一切与会大众心之所想，便告诉维摩诘："善男子，请为此会大众展示一下妙喜国无动如来，以及那里的菩萨、声闻等大众，大家都想见识一下。"

于是维摩诘心中暗想:"我应当不离座位,接来妙喜国的铁围山川、溪谷江河、大海泉源、须弥诸山,以及日月星宿、天龙鬼神并梵天王宫殿,还有那众多的菩萨、声闻等大众,城邑聚落,男女大小,乃至无动如来,还有菩提树,各种奇妙莲花等,能够在十方世界作佛事的一切事物。妙喜世界有三道宝阶,从阎浮提通到忉利天,正是通过这三道宝阶,众多的天人下到阎浮提地上,都来礼敬无动如来,听闻无动如来讲经说法,而阎浮提的众生也能攀登宝阶,上升到忉利天宫,见到众多的天人,妙喜世界成就了这样的无量功德。上至阿迦尼吒天,下至负托妙喜世界的水轮边际,我当以右手断取,就像旋转陶轮一样,将其置入这个娑婆世界,就像持一束花环一样,展示给与会的一切大众。"

维摩诘这样想罢,就进入三昧定中,显现出神通之力,用他的右手,将妙喜世界断取过来,放到了这个世界上。

妙喜世界中那些已经获得神通的菩萨、声闻大众,以及其余的天人,都齐声说道:"啊呀,世尊,谁将我们带走了?希望获得拯救保护!"

无动如来说道:"不是我做的,是维摩诘运用其神力所为。"

妙喜世界中其余那些没有获得神通力的大众,根本就没有觉察,更不知道自己已经被带到这个世界上来了。

妙喜世界虽然被安置在这个世界上,但并没有增大或减小;这个世界,也没有显出拥挤和狭小,与原来没有任何差异。

这时,释迦牟尼佛对大众说:"你们暂且观看一下妙喜世界和无动如来,他们的国土装饰得非常庄严,菩萨的修行都很清净,而无动如来的弟子们也都非常清白!"

与会大众都说:"是的,已经看见了!"

释迦牟尼佛说:"如果菩萨想要获得这样的清净佛土,应当修学无动如来所行的道法。"

当展现妙喜国土时,娑婆世界中有十四那由他的众生发心希求无上正等正觉,都愿意往生于妙喜国土中。释迦牟尼佛就为他们授记:"将来当能生于彼国。"

这时妙喜世界在此国土中所应利益众生的事情,都已经完成,复归其本来的处所,所有与会大众都看到了这一景象。

佛对舍利弗说:"你看到这妙喜世界和无动佛了吗?"

舍利弗说:"是的,看见了。世尊,但愿一切众生都能获得无动佛那样的清净佛土,获得维摩诘那样的神通之力!世尊,我们太荣幸了,能够获得这么大的利益,能够见到如此之人并得以亲近供养他们。一切众生,无论是如今现在,还是在佛灭之后,只要是听闻此经,也都会获得巨大利益;更何况在听闻之后,还能相信、理解、接受、奉持、读诵、解脱,如法修行。如果有人手中得到了如此经典,便是得到了佛法的宝藏;如果有人读诵、解释其思想义理,按照经中所说进行修行,那么就会为诸佛所护念;如果有人供养他们,应当知道这就是在供养佛;如果有人能够书写保存这一经卷,应当知道这就等于他的室内有了如来;如果有人听说此经能随之心生欢喜,那么他就成为趣向一切智的人了;如果能信仰、理解此经,甚至只是其中一首只有四句的偈颂,为他人解脱,应当知道此人也就获得了无上正等正觉的授记。"

法供养品第十三

尔时,释提桓因于大众中白佛言:"世尊,我虽从佛及文殊师利闻百千经,未曾闻此不可思议、自在神通、决定实相经典。如我解佛所说义趣,若有众生闻此经法,信解受持读诵之者,必得是法不疑,何况如说修行?斯人即为闭众恶趣,开诸善门,常为诸佛之所护念;降伏外学,摧灭魔怨;修治菩提,安处道场;履践如来所行之迹。世尊,若有受持读诵如说修行者,我当与诸眷属供养给事;所在聚落城邑,山林旷野,有是经处,我亦与诸眷属,听受法故,共到其所;其未信者,当令生信;其已信者,当为作护。"

佛言:"善哉,善哉,天帝,如汝所说,吾助尔喜!此经广说过去、未来、现在诸佛不可思议阿耨多罗三藐三菩提。是故,天帝,若善男子、善女人,受持、读诵、供养是经者,即为供养去、来、今佛!天帝,正使三千大千世界如来满中,譬如甘蔗、竹苇、稻麻、丛林,若有善男子、善女人,或一劫,或减一劫,恭敬尊重,赞叹供养,奉诸所安,至诸佛灭后,以一一全身舍利起七宝塔,纵广一四天下,高至梵天,表刹庄严;以一切华香、璎珞、幢幡、妓乐微妙第一,若一劫、若减一劫,而供养之。天帝于意云何,其人植福,宁为多不?"

释提桓因言："甚多，世尊，彼之福德，若以百千亿劫，说不能尽。"

佛告天帝："当知是善男子、善女人，闻是不可思议解脱经典，信解受持，读诵修行，福多于彼。所以者何？诸佛菩提皆从此生。菩提之相不可限量，以是因缘福不可量。"

[注释]

在这一部分中，释迦牟尼佛告诉释提桓因供养此经得福甚多。

[译文]

这时，天帝释提桓因在大众之中对佛说："世尊，我虽然从佛及文殊利师那里听闻了百千经典，但却未曾听说这部不可思议、自在神通、决定实相的经典。依据我对佛所说的经典义理旨趣的理解，如果有众生在听闻这部经典法义之后，能够信仰、理解、接受、奉持、读诵的，必定可以不容置疑地获得这一法门，更何况按照经中所说展开修行呢？这样做就是关闭了通往恶道的路口，开启了各种善法的门径，时常受到诸佛如来的护持和关怀；就能够降伏外道之学，摧破魔障之怨；修治菩提，安住道场；踏着如来修行的足迹前行。世尊，如果有人接受、奉持、读诵，并按照经中所说的那样去修行，我应当和我的各种部属一起供养他，为他提供所需要的东西；无论在村落、城市，还是在山林、旷野，只要是有这部经典的地方，我也会与我的一切眷属，为了听受佛法，共同去到那里；对于那些还没有生起信心的，应当让他们生起信心；如果已经生起信心，应当对他们提供佑护。"

佛说："善哉，善哉，天帝，就像你所说的那样，我替你感到高兴！这部经典大量宣说了过去、未来、现在诸佛如来不可思议的无上正等正觉。因此，天帝，如果有善男子、善女人，接受、奉持、读诵、供养这部经典的，就是供养过去、未来、现在诸佛了！天帝，即便是在三千大千世界中，如来遍满其中，就好像甘蔗、竹苇、稻麻、丛林那样多，如果有善男子、善女人，或者在一劫那么长的时间内，或者在不足一劫的时间内，对这么多的如来恭敬、尊重、赞叹、供养，提供了使诸佛如来得以安住的一切资具，直到诸佛如来入灭之后，还为他们的全身舍利建立起像四天下那样宽广、像梵天那样高大的七宝之塔，并且还装饰得极为庄严美好；运用一切香花、璎珞、幢幡、伎乐等诸多无比微妙的东西进行供养，时间长达一劫，或者不足一劫。天帝，你认为怎么样，其人所培植的福德多不多？"

释提桓因说："非常多，世尊，其人的福德，即便是历经百千亿劫，也是说不完的。"

佛告诉释提桓因："应该知道，这样的善男子、善女人，在听闻这不可思议解脱经典之后，信仰、理解、接受、奉持、读诵、修行，其福德多于如上所说。为什么呢？诸佛如来的智慧，都是从这里产生的。菩提的相状是无可限量的，就因为这一缘故，其福德也是不可限量的。"

佛告天帝："过去无量阿僧祇劫，时此有佛，号曰药王如来、应供、正遍知、明行足、善逝、世间解、无上士、调御丈夫、天人师、佛、世尊，世界名大庄严，劫曰庄严。佛寿二十小劫，其声闻僧三十六亿那由他，菩萨僧有十二亿。天帝，是时有转轮圣王，名曰宝盖，七宝具足，主四天下，王有千子，端正勇健，能伏怨敌。尔时，宝盖与其眷属供养药王如来，施诸所安，至满五劫。过五劫已，告其千子：'汝等亦当如我，以深心供养于佛。'于是千子受父王命，供养药王如来，复满五劫，一切施安。

"其王一子，名曰月盖，独坐思惟：'宁有供养殊过此者？'以佛神力，空中有天曰：'善男子，法之供养，胜诸供养！'即问：'何谓法之供养？'天曰：'汝可往问药王如来，当广为汝说法之供养。'即时月盖王子行诣药王如来，稽首佛足，却住一面，白佛言：'世尊，诸供养中，法供养胜！云何为法供养？'佛言：'善男子，法供养者，诸佛所说深经，一切世间难信难受，微妙难见，清净无染，非但分别思惟之所能得，菩萨法藏所摄，陀罗尼印印之。至不退转，成就六度，善分别义，顺菩提法，众经之上。入大慈悲，离众魔事，及诸邪见。顺因缘法，无我，无人，无众生，无寿命，空、无相、无作、无起。能令众生坐于道场，而转法轮，诸天、龙神、乾闼婆等，所共叹誉。能令众生入佛法藏，摄诸贤圣一切智慧，说众菩萨所行之道，依于诸法实相之义。明宣无常、苦、空、无我、寂灭，能救一切毁禁众生；诸魔外道及贪著者，能使怖畏，诸佛贤圣所共称叹。背生死苦，示涅槃乐，十方三世诸佛所说。若闻如是等经，信解受持读诵，以方便力，为诸众生分别解说，显示分明，守护法故，是名法之供养。又于诸法，如说修行，随顺十二因缘，离诸邪见，得无生忍；决定无我无有众生，而于因缘果报无违无诤，离诸我所。依于义，不依语；依于智，不依识；依了义经，不依不了义经；依于法，不依人。随顺法相，无所入，无所归。无明毕竟灭故，诸行亦毕竟灭；乃至生毕竟灭故，老死亦毕竟灭。作如是观，十二因缘，无有尽相，不复起见，是名最上法之供养。'"

佛告天帝："王子月盖从药王佛闻如是法，得柔顺忍[①]。即解宝衣严身之具，以供养佛，白佛言：'世尊，如来灭后，我当行法供养，守护正法。愿以威神加哀建立，令我得降魔怨，修菩萨行。'佛知其深心所念，而记之曰：'汝于末后，守护法城。'天帝，时王子月盖，见法清净，闻佛授记，以信出家，修习善法，精进不久，得五神通，具菩萨道，得陀罗尼，无断辩才。于佛灭后，以其所得神通、总持、辩才之力，满十小劫，药王如来所转法轮随而分布。月盖比丘以守护法，勤行精进，即于此身，化百万亿人，于阿耨多罗三藐三菩提，立不退转；十四那由他人，深发声闻、辟支佛心；无量众生得生天上。天帝，时王宝盖，岂异人乎？今现得佛，号宝焰如来。其王千子，即贤劫②中千佛是也。从迦罗鸠孙驮③为始得佛，最后如来号曰楼至④。月盖比丘，即我身是。如是，天帝，当知此要，以法供养，于诸供养为上为最，第一无比。是故，天帝，当以法之供养，供养于佛。"

[注释]

① 柔顺忍：四忍之一，谓心柔智顺，不乖于实相之理，堪安住于其位，故云柔顺忍。这里顺便提一下，四忍即伏忍、柔顺忍、无生忍、寂灭忍。伏忍为初心行者，欲忍顺逆境，先须调伏其心；柔顺忍是调伏其心既久，遇境遇缘，不须勉强抑制，自然能忍，此时之心，柔和善顺，同尘和光；无生忍已入圣位，达一切法本自不生，情与非情，皆是缘生无性，当体即空，因此于无性法中，忍心不动，亲证无生；寂灭忍是果位圣人，彻证涅槃寂灭境界，动静二相，皆契如如之理。

② 贤劫：即我们现在所生活的时段，过去劫名为庄严劫，未来劫名为星宿劫；现在劫中有千佛出世，以贤善之法开导、教化众生，故名贤劫，又称善劫。

③ 迦罗鸠孙驮：佛号，又作拘留孙、鸠楼孙、拘留秦等，意译为所应断已断、灭累、成就美妙等，是过去七佛中的第四尊佛，也是贤劫千佛中第一尊佛。

④ 楼至：佛号，又作卢至、楼由、卢遮等，意译为爱乐、啼哭，为贤劫千佛中最后一尊佛。

在这一部分中，释迦牟尼佛以讲说本生故事的方式，向释提桓因解说了什么是法供养及法供养最为殊胜的道理。

[译文]

佛告诉天帝："在过去无量阿僧祇劫时，世上有佛，号药王如来、应供、正遍知、明行足、善逝、世间解、无上士、调御丈夫、天人师、佛、世尊，世界名为大庄严，时劫称为庄严劫。佛的寿命是二十小劫，声闻僧有三十六亿那由他，菩萨僧有十二亿。天帝，当时有一位转轮圣王，名叫宝盖王，具足七宝，统治着四天下的广大区域，王子多达千人，个个相貌端正，勇健无比，可以克伏怨敌。那时候，宝盖王与其眷属，供养药王如来，布施诸多可以使药王如来安住的资具，时间长达五劫之久。等五劫过去之后，宝盖王告诉他的一千位王子说：'你们也应当像我那样，以深敬心供养于佛。'于是千位王子都秉承父命，供养药王如来，再次达五劫之久，布施一切资具，使其安住。

"宝盖王千子之中有一位叫月盖的，独自静坐，暗自思维：'难道就没有一种供养超过这些吗？'由于佛的神力，空中有天神说：'善男子，法之供养，胜过其他一切供养！'月盖当即问道：'什么是法之供养？'天神说：'你可以去问药王如来，他会详细为你解说法之供养。'当时月盖王子马上赶到药王如来那里，稽首佛足，退住一边，对佛说道：'世尊，诸供养中，法之供养胜！什么是法之供养呢？'佛说：'善男子，所谓法之供养，是说诸佛如来所说含义深刻的经典，对于一切世间众生来说，都是难以信仰和接受的，这些经典微妙难见，清净无染，不是仅仅对其进行区分、辨别、思考就能理解的，属菩萨法藏所摄，通过总持一切的陀罗尼印的印证。包含着修行至不退转地的法门，可以成就六种波罗蜜，善于区分和辨别各种法义，随顺菩提之法，其地位在众经之上。这些经典可以引导修学者进入大慈悲境界，远离诸多魔障以及各种邪见。使修学者随顺因缘法，体证无我，无人，无众生，无寿命，空、无相、无作、无起诸解脱门。这些经典能让众生安坐于道场，讲经说法，为各种天、龙、神及乾闼婆等所共同赞叹称誉。能令众生进入佛法的宝藏之中，摄取诸多贤圣的一切智慧，宣说众菩萨所实践修行的法门，依据诸法实相的思想义理。明白宣说无常、苦、空、无我、寂灭的法门，能够拯救一切毁禁犯戒的众生；能使那些魔障、外道以及贪婪、执着之辈产生恐怖、畏惧的心理，可以赢得诸佛贤圣的共同称扬赞叹。使人背离生死之苦，向人显示涅槃之乐，为十方三世一切诸佛如来共同宣说。如果听闻过这样的经典，并信仰、理解、接受、奉持、读诵它，而且还能运用方便之力为众生分别解说，将其清楚明白地显示出来，出于坚守护持佛法的缘故，这就是法之供养。还有，对于各种佛法，能够按照经中所说那样进行修行，随顺十二因缘之法，脱离各种邪见，证得无生法忍；真正达到无我、无众生的境界，接受因缘果报，没有任何的违背和诤竞，远离各种对我所有法的执着。依于义，不依语；依于智，不依识；依了义经，不依不了义经；依于法，不依人。随顺诸法实相，无所从来，亦无所归趣。由于无明毕竟寂灭的缘故，一切诸行也都毕竟寂灭；乃至由于生毕竟寂灭的缘故，老死亦毕竟寂灭。作这样的观察思维，十二因缘，不灭不生，不再产生什么看法，这就叫作最上法之供养。'"

佛告诉天帝："王子月盖从药王佛处闻听这样的说法，获得柔顺忍。当即解下自己身上的宝衣和饰物，供养如来，并对佛说：'世尊，如来入灭之后，我当实行法之供养，守护正法。希望如来以威神之力加被哀悯，使我有所建立，得以降伏魔障怨敌，实践菩萨的修行。'药王如来知道其深心所念，就为他授记说：'你在如来涅槃之后，一定能成为坚守、护持佛法的城堑。'天帝，当时王子月盖体会到佛法的清净，听到佛的授记，于是便满怀信心出家为僧，修习善法，精进不懈，不久便获证五神通，具足菩萨道，得到总持智慧的陀罗尼和滔滔不绝的辩才。在药王如来入灭之后，他凭借着自己所证得的神通、总持和辩才之力，在整个十小劫之中，将药王如来所转的法轮，随缘分布于各地。月盖比丘为了守护正法，勤行精进，于此一生之中，教化众生达百万亿人之多，使他们发心希求无上正等正觉，立于不退转之地；又使十四那由他人深发希求声闻、辟支佛的心愿；无量众生也获得生于天上的福报。天帝，当时的宝盖王，难道是别人吗？而今他已成佛，号宝焰如来。其一千位王子，就是贤劫中的千佛。从迦罗鸠孙驮为始第一个成佛，到最后一位如来，号称楼至佛。月盖比丘，就是我的前身。就是这样，天帝，应当知道这个要点，就是以法供养，在一切供养中是至高无上的，是第一的，是无与伦比的。因此，天帝，应当实践法之供养，来供养诸佛世尊。"

嘱累品第十四

于是，佛告弥勒菩萨言："弥勒，我今以是无量亿阿僧祇劫所集阿耨多罗三藐三菩提法，付嘱于汝！如是辈经，于佛灭后，末世之中，汝等当以神力，广宣流布于阎浮提，无令断绝。所以者何？未来世中，当有善男子、善女人，及天、龙、鬼神、乾闼婆、罗刹等，发阿耨多罗三藐三菩提心，乐于大法。若使不闻如是等经，则失善利。如此辈人，闻是等经，必多信乐，发希有心，当以顶受，随诸众生所应得利，而为广说。

"弥勒当知，菩萨有二相，何谓为二？一者，好于杂句文饰之事；二者，不畏深义如实能入。若好杂句文饰事者，当知是为新学菩萨；若于如是无染无著甚深经典，无有恐畏，能入其中，闻已心净，受持读诵，如说修行，当知是为久修道行。

"弥勒，复有二法，名新学者，不能决定于甚深法。何等为二？一者，所未闻深经，闻之惊怖生疑，不能随顺，毁谤不信，而作是言：'我初不闻，从何所来？'二者，若有护持、解说如是深经者，不肯亲近、供养、恭敬，或时于中说其过恶。有此二法，当知是新学菩萨，为自毁伤，不能于深法中，调伏其心。

"弥勒，复有二法，菩萨虽信解深法，犹自毁伤，而不能得无生法忍。何等为二？一者，轻慢新学菩萨，而不教诲；二者，虽信解深法，而取相分别。是为二法。"

弥勒菩萨闻说是已，白佛言："世尊，未曾有也！如佛所说，我当远离如斯之恶，奉持如来无数阿僧祇劫所集阿耨多罗三藐三菩提法。若未来世善男子、善女人求大乘者，当令手得如是等经，与其念力，使受持读诵，为他广说。世尊，若后末世，有能受持读诵、为他说者，当知是弥勒神力之所建立！"

佛言："善哉，善哉！弥勒，如汝所说，佛助尔喜。"

[注释]

在这一部分中，释迦牟尼佛将此经付嘱给弥勒菩萨，令其在未来世中护持流通。

[译文]

于是，佛告诉弥勒菩萨："弥勒，我今天将这部通过无量亿阿僧祇劫修行才结集起来的无上正等正觉法门交付嘱托于你！像这样的经典，在佛入灭之后的末法时代，你们应当凭借自己的神力，广为宣说，使其流布于阎浮提，不要令其断绝了。为什么要这样呢？因为在未来世中，应当有善男子、善女人，天、龙、鬼神、乾闼婆、罗刹等，发心希求无上正等正觉，乐于大乘佛法。如果不让他们听闻这样的经典，那么就会丧失非常多的利益。如果这些人能够听闻这样的经典，必然会产生更多的信仰和快乐，发起希有之心，从而顶礼信受，并按照各种众生所应获得的利益，为他们详细解说。

"弥勒，应当知道，菩萨有两种表现，有哪两种呢？一者，就是喜欢运用华丽的词章做些文字修饰的事情；二者，不畏惧佛法的深奥义理，如实证入真理的境界。如果是喜欢运用华丽的词章进行文字修饰的，当知此人为新学菩萨；如果对于这样无染、无著、深刻的经典，没有恐怖和畏惧之心，而能够深入其中，听闻过后使自己的心理得到净化，接受、护持、读诵这部经典，按照经典所说展开修行，当知其人已经修行很久，可以说是很有道行了。

"弥勒，还有两种表现，可以断定为新学者，对于甚深佛法还不能确定无疑。是哪两种呢？一者，对于没有听闻过的甚深经典，听闻之后感到惊讶、恐怖，心生疑虑，不能随顺经典的教法，甚至毁伤、诽谤、不相信这些经典，说出这样的言论：'我从前没有听到过，这是从哪里弄来的？'二者，如果有人护持、解说这样的深经，他们不肯前去亲近、供养、恭敬，甚至有时还从中说人家的过错。如果有人具有这两方面的表现，那么当知他们就是新学菩萨，因为他们的自我毁伤，所以不能进入深奥的佛法之中，调教、制伏自己的内心。

"弥勒，还有两种表现，菩萨虽然信受、理解了甚深佛法，但由于犹有自我毁伤，因而不能证得无生法忍。是哪两种呢？一者，轻视、怠慢新学菩萨，而不肯对他们加以教诲；二者，虽然信奉、理解了深奥的佛法，但仍然执着外在现象而加以区分和辨别。就是这两种表现。"

弥勒菩萨听完这些话，对佛说："世尊，这真是前所未有啊！就像佛所说的那样，我应当远离如上所说的过失，奉持如来在无数阿僧祇劫所结集的无上正等正觉之法。如果在未来世中，有善男子、善女人希求大乘佛法的，应当让他们手上获得这样的经典，给予他们忆念之力，使他们能够信受、奉持、读诵这样的经典，并为别人详加解说。世尊，如果在以后的末法时代，有人能信受、奉持、读诵、为别人讲解宣说的，当知这是在我神力加持下才得以建立的成就。"

佛说:"善哉,善哉!弥勒,如你所说,佛为你感到高兴和欢喜。"

于是,一切菩萨合掌白佛:"我等亦于如来灭后,十方国土广宣流布阿耨多罗三藐三菩提法,复当开导诸说法者,令得是经。"

尔时,四天王白佛言:"世尊,在在处处,城邑聚落,山林旷野,有是经卷,读诵解说者,我当率诸官属,为听法故,往诣其所,拥护其人,面百由旬,令无伺求得其便者。"

是时佛告阿难:"受持是经,广宣流布。"

阿难言:"唯然,我已受持要者。世尊,当何名斯经?"

佛言:"阿难,是经名为《维摩诘所说》,亦名《不可思议解脱法门》。如是受持!"

佛说是经已,长者维摩诘、文殊师利、舍利弗、阿难等,及诸天、人、阿修罗一切大众,闻佛所说,皆大欢喜,信受奉行。

[注释]

在这一部分中,四天王表示愿意护持此经,释迦牟尼佛为此经命名。

[译文]

于是,所有一切在场的菩萨都合掌向佛禀告:"我们也会在如来入灭之后,在十方国土中广泛宣传、流布这一无上正等正觉之法,并且还要开导诸多讲经说法者,使他们获得这部经典。"

这时,四天王向佛禀告:"世尊,在任何地方,无论在城邑聚落,还是山林旷野,只要有人在读诵、讲解、宣说这部经典,我们就会率领部属,为了听法,前往其处,拥护他,以他为中心,向四面八方各延一百由旬,保证不会有任何魔障伺机暗中谋害他。"

这时佛对阿难说:"信受、奉持这部经典,广为宣说,使其流布于世。"

阿难说:"是的,我已经接受、奉持其要义。世尊,应当如何命名这部经典呢?"

佛说:"阿难,这部经典名为《维摩诘所说经》,亦名《不可思议解脱法门》。就这样信受奉持吧!"

佛宣说这部经典完毕,长者维摩诘、文殊师利、舍利弗、阿难等,以及诸位天、人、阿修罗等一切大众,聆听了佛所讲说的经法,皆大欢喜,信受奉行。

附　录

月霞大师对《维摩诘经》的华严学解读

　　鸠摩罗什所译《维摩诘经》深受中土士大夫们的喜爱，自竺道生以来，讲说和注释之者历代不乏其人。近代中兴华严宗的代表人物月霞大师所述《维摩诘经讲义录》一书，即是以华严宗的经教义理诠释《维摩诘经》的名篇。

　　月霞大师（1858—1917），俗姓胡氏，湖北黄冈人，初习儒业，应县试落第后，读佛经有得，遂视世间学问如糟粕，十九岁辞亲出家，于南京大钟寺禅定老和尚座下披剃，翌年于九华山受具足戒，曾参金山、天宁、高旻诸名刹。光绪八年（1882），月霞大师远走关中，在终南山结茅潜修，得到绿营兵驻军苏军门的护持。光绪十四年（1888），月霞大师至中州桐柏山太白顶，依了尘老和尚听讲《维摩诘经》，参究不二法门，深受了尘老和尚印可，嗣后又到南京句容赤山参谒法忍老和尚，留充茶头。光绪二十年（1894），随法忍老和尚至湖北汉阳，法忍老和尚讲《楞伽经》，时命分座，以辩才无碍，遂得以广结法缘。翌年，月霞大师至安徽九华山翠峰茅棚，与普照、印魁等人结界打禅七三年，并讲说《八十华严》。四十一岁之后，历游武汉、北京、江苏、浙江各地，随缘讲经说法，为缁俗所重。四十二岁住持安徽迎江寺，创设安徽省佛教会，招授僧徒。三年圆满，曾到泰国、缅甸、锡兰、印度等国考察佛教。回国后至常州天宁禅寺，参学于冶开禅师，光绪三十二年（1906）得受记莂，与应慈长老等人同为临济宗第四十二世。此后曾讲经于安徽迎江寺、祇园精舍、日本东京、湖北洪山宝通寺等地，曾任江苏省僧教育会副会长，主持江苏省僧师范学堂。民国元年（1912）秋，入住上海哈同花园，创设华严大学，因不堪哈同夫人凌辱而移至杭州海潮寺。民国六年（1917），奉冶开老和尚之命分灯常熟虞山兴福禅寺，七月初一日晋山升座后，计划在兴福禅寺创办法界学院，培育华严僧才，不幸罹疾，于十月初三日圆寂于杭州西湖玉泉寺。在月霞大师努力下，华严宗受到了教内外的广泛关注，从学于华严大学的常惺、慈舟、持松、戒尘、霭亭、智光等高僧皆出其门下，唱道诸方，华严宗遂呈现出强烈的复兴之势来。①

月霞大师曾多次讲说《维摩诘经》，如传法弟子持松法师记其"宣统二年，讲《维摩》于药王殿。三年，讲维摩于九莲庵。……（民国）元年，狄君楚青及上海各居士等延师居哈同花园，讲《楞严》《维摩》《圆觉》《法华》《楞伽》《摩诃般若》等经。……至晚年，始编有《维摩经讲义》及《法界法源》等论"②。作为近代华严宗复兴的代表人物，月霞大师在《维摩诘经讲义录》中除了按照华严宗讲经说法的惯例进行十门分别外，还非常注意引用《华严经》、

---

① 有关月霞大师生平，可参阅于凌波老居士撰《月霞法师传》，附录于月霞法师（释显珠）《维摩诘经讲义录》，台北：佛陀教育基金会，2016年，第377—384页。
② 持松：《月霞老法师传略》，杨毓华主编《持松大师全集》（六），新北：震耀出版社，2013年，第2697—2698页。

运用五教判释、摄入华严三观、展现十玄境界，从而将这次讲经说法提升为展现华严宗教义教理的盛筵。

一、引用《华严经》

《华严经》卷帙浩繁，义理丰富，素有"众经之王"的美誉，以至于佛教界流传着"不读《华严》，不知佛家之富贵"的说法。月霞大师在随文疏释《维摩诘经》时，时常引用《华严经》的文句，透过《华严经》文句所蕴含的深湛而丰富的义理，展现出《维摩诘经》深刻的思想内涵。我们于此略举数例，以概其余。

《维摩诘经·佛国品第一》长者子宝积以偈赞佛中有云："稽首虚空无所依。"此处"虚空无所依"是什么意思呢？不免令人费解。月霞大师引用《华严经》对此解释说："此是总赞法身德也。《华严》云：'法身遍满于虚空，一切众生及国土，三世悉在无有余，亦无形象而可得。'即如虚空无所依义。"[①] 由此我们也就明白了，所谓"虚空无所依"，是指佛的法身虽然像虚空一样没有任何具体的形象，但却无所不在而又具足一切，无所欠缺。月霞大师此处对《华严经》的引用使对此句经文的内涵得到了充实和丰富。

《维摩诘经·菩萨品第四》维摩诘弹斥弥勒中有云："一切众生皆如也，一切法亦如也，众圣贤亦如也，至于弥勒亦如也。"这里的"如"字是什么意思呢？月霞大师引用《华严经》对此解释说："佛言大地众生悉有如来智慧德相，皆因妄想执着而不能证得；若从相而观，则是众生；从性而观，即非众生，故云一切众生皆如也。《华严》云：'应观法界性，一切唯心造。'心体即如。禅宗云：'一

---

① 月霞：《维摩诘经讲义录》，第40页。

裓才挂体，万法悉皆知。'亦即一切法亦如义也；如为修道者之归趣，故云众圣贤亦如也；弥勒亦圣贤数，故云至于弥勒亦如也。"①换言之，在月霞大师看来，所谓"如"，就是包括圣贤在内的一切众生可以了知万法的心体。

《维摩诘经·不思议品第六》维摩诘语舍利弗中有云："舍利弗，我今略说菩萨不可思议解脱之力，若广说者，穷劫不尽。"看完这句经文，我们也许会心生疑问，菩萨不可思议解脱之力为什么就那么大呢？月霞大师引用《华严经》释之曰："《华严经》云：'一字法门，海墨书之不尽。'住不思议解脱菩萨者，即华严四十一位之俦，自证一真法界，于四法界，融通无碍，法界无边，其不思议事若广说之，岂穷劫之能尽哉！"②原来是就这些法身大士所证境界无穷无尽的意义上来说的，这就比较容易被听众所理解和接受了。

《维摩诘经·入不二法门品第九》中现见菩萨述其所得不二法门云："尽、不尽为二，法若究竟，尽若不尽，皆是无尽相，无尽相即是空，空则无有尽不尽相；如是入者，是为入不二法门。"非常显然，明了此处"尽若不尽皆是无尽相"的意旨，是理解现见菩萨不二法门的关键所在。月霞大师引《华严经》对此解释说："尽若不尽皆是无尽相者，如《华严》云：'众生无尽，世界无尽，虚空界无尽，法界无尽，涅槃界无尽，佛出现界无尽，如来智界无尽，心所缘无尽，佛智所入境界无尽，世界转法转智无尽。'此即尽若不尽，皆是无尽相义也。"③以华严境界的重重无尽诠释尽与

---

① 月霞：《维摩诘经讲义录》，第130页。
② 月霞：《维摩诘经讲义录》，第218页。
③ 月霞：《维摩诘经讲义录》，第282页。

不尽皆是无尽，从而为现见菩萨的不二法门着上了普贤行愿的特色。

月霞大师引用《华严经》中的相关文句解释《维摩诘经》，既有以深湛、圆满的华严义理提升、改进、丰富《维摩诘经》的意义，同时也具有将《维摩诘经》纳入《华严经》的体系之中，使其成为《华严》眷属类经典的意味。

二、运用华严五教

华严宗按照所说教理的高下浅深，将全部佛教经典从浅至深，分为小、始、终、顿、圆五类，由此构成了华严宗的教相判释理论体系，即华严五教的判教思想。月霞大师在《维摩诘经讲义录》中，运用华严宗五教的判教理论，分别从总论全经和疏释文句的角度上对《维摩诘经》进行了教相判释。

月霞大师首先在悬谈中运用华严五教对《维摩诘经》进行了总体判释。华严宗在讲说某部经典时，首先开列十门，即从教起因缘、藏乘所摄、教辩权实、分教摄经、教所被机、能诠教体、所诠宗趣、传译时年、通释名题、随文释义等十个方面，就经典的产生、性质、内容、对象、作用等给予一个概要性的解释和说明，从而形成讲述这部经典的义疏的"悬谈"部分。月霞大师在《维摩诘经讲义录》的悬谈中指出："此经五教并谈。如《方便品》，种种呵责，厌离于身，是小教义。《弟子品》，当观宿世因缘而为说法，是始教义。《菩萨品》，一切众生，毕竟寂灭，即涅槃相不复更灭，是终教义。《不二法门品》，三十一菩萨镕诸法而会归一相，一相者即实相也；文殊以言遣言，而显实相；维摩默然不语，正陈实相，此顿教义。如径丈之室，能容无量大众，及其高广师子宝座，即一多小大相容，此圆教义也。"[1]也就是说，在月霞大师看来，以华严宗五教判释的理论为依据，《维摩诘经》包含了小、始、终、顿、圆五种不同的教义。具体来说，《方便品》中那些引导众生厌弃世间法的教诲，是小教；《弟子品》主张说法应依据受教者的宿世根机，是始教；《菩萨品》揭示一切众生都将最终获得寂灭，是终教；《不二法门》则属于顿教，而方丈之室竟能包罗万象自然属于圆教义理了。既然《维摩诘经》是一部包罗五教的经典，那么也就意味着这部经典可以普应群机、适宜一切众生信受奉行了。我们说，《维摩诘经》在中国虽然未被任何一个佛教宗派推崇为究竟终极的经典，但在中国佛教界却拥有如此广泛而深远的影响力，除了文字凝练，想象奇特，人物形象丰满，故事情节生动之外，还当与这部经典具有包罗五教、普应群机的特点不无关系。

月霞大师还在随文释义中运用华严五教对《维摩诘经》进行了分疏。如在解说《方便品》的品名时，月霞大师云：

> 由真实以设方便，即方便以入真实，故以方便称此品名。时有维摩大士，乃是法身等觉之流，本居妙喜，迹现娑婆，助扬佛化，知时知机，早知释迦欲垂净佛国土之教，故现身有疾，因疾说法，呵身赞佛，欲令众生舍秽身以取净身，此小教义也；欲令众生秽身之中见净法身，此始教义也；欲令众生能知色身即法身，即终教义也；欲令众生能知非色身非法身，但身而已，此顿教义也；欲令众生能知净秽无二，色身即法身法身即色身，一身即一切身，一切身即一身，圆融无碍，此圆教义也。若能证得微妙圆融之身，自能现净妙庄

---

[1] 月霞：《维摩诘经讲义录》，第7—8页。

严之土，此土微妙难入，故垂方便，示疾说法，令闻入实，此即由真实以设方便，即方便以入真实义也，故曰方便品。①

维摩示疾，本为助佛教化众生而曲垂方便，只因教化众生需要五种教法，故而方便亦有五种意义。月霞大师此释不仅展现了《维摩诘经》包罗五教、普应群机的特征，而且还简明扼要地阐释了五教的基本观点及相互差异，极大地扩大了"方便品"品名的思想内涵。又如，月霞大师释维摩诘呵须菩提云：

> 须菩提因见佛，礼佛为师，而为弟子，因其闻法，方得道果，得无诤三昧。此乞食者，乃以悲田令他植福，是闻小教得益，依教奉行者也。大士以顿教弹斥，云不见佛不闻法者，意欲令不起佛见法见，直令见性耳。……须菩提向受小教，其教中言外道邪见，不明正理，自陷陷他，弟子与师，当堕泥犁。大士以圆教弹斥，行于非道，是菩萨道。菩萨见三途地狱等，与诸净土无别无异，众生不见法性，起于分别，谓为剧苦。菩萨以大慈悲，现外道身，行邪见行，堕于地狱，受剧苦恼，令诸众生见者闻者，不行非道，向于佛道。如《法华经》中提婆达多佛为授记，《华严经》中无厌大王、婆斯蜜女，《涅槃经》中广额屠儿，是其类也。②

在月霞大师看来，须菩提由小教而入佛门，故而执着于佛法与非佛法的区别；维摩大士先以顿教斥之，令其祛除佛见法见；再以圆教斥之，令其明了行于非道即是通达佛道的道理。月霞大师在随文释义中对华严五教的运用，不仅展现了经文前后相继的递进关系，而且还显示出经文内涵的高下层次，极大拓展了人们

---

① 月霞：《维摩诘经讲义录》，第58页。
② 月霞：《维摩诘经讲义录》，第96—97页。

理解和领会《维摩诘经》义理的思想空间。

月霞大师在《维摩诘经讲义录》中对华严宗五教的运用，一方面彰显出华严宗五教判教理论具有极大的解释功能，另一方面也在更加全面深刻的意义上将《维摩诘经》纳入华严宗的经典体系之中，使《维摩诘经》最终成为通向华严境界的桥梁和阶梯。

三、摄入法界三观

华严宗的法界三观，即真空绝相观、理事无碍观、周遍含容观，是华严宗最重要的观修方法。月霞大师将《维摩诘经》的相关文句分别摄入法界三观，从修行实践的角度上对相关文句展开了深入诠释。

月霞大师在《维摩诘经讲义录》中运用了真空绝相观。维摩诘居士见大迦叶于聚落中从贫乞食，就对大迦叶说道："以空聚想，入于聚落。"月霞大师认为，维摩诘的这句话就是在向大迦叶传授真空绝相观的观法，他对此解释说："聚落乃众人安居之处，菩萨行道，不离观行，见色即是空，非灭色而后归空，色性自空；见聚落时，即是空聚，故云以空聚想，入于聚落。岂分贫富住宅之色相哉！"[①] 月霞大师言下之意，所谓聚落，就是人们聚集居住的地方；菩萨在行路的时候，也时刻处于观行的状态之中，视一切事物当体即空，而不是像二乘那样认为事物终将毁灭而归于空，因此菩萨进入聚落之中，就像进入诸空聚集之处一样，从来不会产生什么贫家、富宅之类的分别之心。大迦叶入聚落从贫乞食，表面上看是在修头陀行，要与穷人结缘，维摩诘居士则看出

---

① 月霞：《维摩诘经讲义录》，第89页。

了这是大迦叶具有分别心、未能观一切法缘起性空的结果，故而教他真空绝相观的观法，嘱咐他进入任何一座聚落时都要怀着空聚之心，不起什么贫家富舍的分别之念。

月霞大师在《维摩诘经讲义录》中运用了理事无碍观。维摩诘居士既然教大迦叶"以空聚想，入于聚落"，那么具体应该怎么做呢？维摩诘居士继续说到："所见色与盲等，所闻声与响等，所食味不分别，受诸触如智证，知诸法如幻相。"月霞大师认为，这是在教导大迦叶进行理事无碍观的修法。他对此解释说：

> 盲者见色者，色相非无，故理不碍事；盲者不见，故事不碍理。闻声如响者，音声非无，故理不碍事；如响无义，故事不碍理。嗅香与如风者，香气非无，故理不碍事；风无气味，故事不碍理。味不分别者，味相非无，故理不碍事；不起分别，故事不碍理。触如智证者，触相非无，故理不碍事；如同智证，故事不碍理。法如幻相者，法相非无，故理不碍事；如幻非实，故事不碍理。迦叶分别贫富，不得理事圆融耳！①

菩萨进入聚落之中，可能会看到各种事物（色），听到各种声音（声），闻到各种气息（香），品尝到信众们供养的各种食物（味），接触到信众们供养的各种器具（触），由此引起内心的思考（法）。但由于菩萨已经了悟了诸法性空的道理，因此他即便看到各种事物（色），闻到各种气息（香），尝到各种食物（味），接触到各种器具（触），考虑到各种现象（法），都不会对之生起任何的分别之心，就像没有看到、闻到、嗅到、尝到、接触到、考虑到一样。菩萨从真理的层面上证悟到的诸法空性，并不妨碍诸法

---

① 月霞：《维摩诘经讲义录》，第90页。

在事实上的存在，这就是理不碍事；反过来说，虽然如此之类的各种事物确实存在于一定的时空之内，但却都是缘起之物，故而在本性上如菩萨所证悟的道理那样"无不是空者"，这就是事不碍理。如此理之与事，两不妨碍，即成理事无碍观。大迦叶既已证悟诸法缘起性空，当知诸法平等，但却又分别贫富，显然是以贫等富，未能以富等贫，对贫富的差异不能一视同仁，以事妨理，以理妨事，不能圆融理事，故而遭到了维摩诘居士的呵责。

月霞大师在《维摩诘经讲义录》中运用了周遍含容观。维摩诘居士继续引导大迦叶："无自性，无他性；本自不然，今则无灭。"月霞大师认为，这是在教导大迦叶进行周遍含容观的修法。他对此解释说：

> 观诸法无自性，则诸法不自生；无他性，故亦不从他生；自他不生故，则无共生，亦不得无因而生；如是无生之理，周遍法界，故无在不在；岂只遍富不遍贫哉！本自不然，今则无灭者，谓本无如是事，今何有灭之者？由是则法性无生无灭，圆满湛然；即含容义，岂独含富而不含贫哉！①

在月霞大师看来，无生无灭之理，周遍诸法，含容一切，非独富人所可得而私者。故而菩萨修此观门者，可于事事物物见得此理，而此理对事事物物皆无所妨碍，而事事物物因皆具此理，故亦互不妨碍，由此而成周遍含容观，其所展现出来的境界就是事事无碍法界。大迦叶虽证得了空性，但却不能贫富等观，是理事相妨；舍富而乞贫，是贫富相妨，事事有碍，不知无生无灭的性空之理周遍含容，法法无差，故而为维摩诘居士所呵，居士亦期望其能由此而悟入理事无碍法界乃至事事无碍法界，以周遍含

---

① 月霞：《维摩诘经讲义录》，第90页。

容而观察思维一切诸法。

其他如文殊师利问维摩诘："居士！有疾菩萨云何调伏其心？"对于维摩诘的回答，月霞大师亦以法界三观释之，其先在科判中说："净名答，分四：（一）以真空绝相观调伏，（二）以理事无碍观调伏，（三）以周遍含容观调伏，（四）离调不调伏以明行。"[①]其于真空绝相观中又分为观人空、观法空、观俱空。[②]其于理事无碍观中又分为依理成事观、理遍于事观、以事夺理观、事法非理观及结观成利益等。[③]其于周遍含容观下又分事如理观、理如事观二类。如此以来，维摩诘回答文殊师利的每一句话都可以落实到法界三观的实践上。文繁语多，此处不再详解。在笔者看来，月霞大师在《维摩诘经讲义录》中对法界三观的运用，将《维摩诘经》曲折的故事情节和精彩的人物对话很贴切、很自然地转化为修行观法，展现了佛教经典在思想观念转变中的方式和价值。

四、展现十玄境界

华严宗的十玄之义，就是对周遍含容、交光相网、事事无碍、重重无尽的法界缘起之理的显示。而在月霞大师看来，《维摩诘经》中有许多的文句，就是对华严宗十玄境界的生动展现。

《维摩诘经·佛国品第一》云："大圣法王众所归，净心观佛靡不欣；各见世尊在其前，斯则神力不共法。"月霞大师对此解释说："此赞法身普应，身业不思议也。如来为法会大众之所归敬，

---

① 月霞：《维摩诘经讲义录》，第182页。
② 月霞：《维摩诘经讲义录》，第182页。
③ 月霞：《维摩诘经讲义录》，第186页。

无不欣仰,一心不乱,欲见于佛也。各见世尊在其前者,此是华严不思议境界同时具足相应门,不与二乘权教菩萨相共者也。"①众生怀着无比崇敬的清净欢喜之心情来到法会之上,佛以其独有的神通之力,让每一位众生都感到佛就在自己的面前,由此展现出佛能够同时圆满具足地相应于诸多的众生心理,因此月霞大师认为这一首偈诵赞颂了佛的法身具有普应群机的不可思议的能力,是对华严宗十玄门中的同时具足相应门的展现。

《维摩诘经·佛国品第一》云:"佛以一音演说法,众生随类各得解,皆谓世尊同其语,斯则神力不共法。"月霞大师对此解释说:"此赞圆音普应,口业不思议也。既入法会,皆乐闻法;然各有行愿不同,其所乐欲各别;一音异解,各得满愿,此即华严诸法相即自在门,岂与二乘权教菩萨相共哉!"②众生之所以来到法会之上,无不怀着乐于听闻佛法的心情。但每一位众生的兴趣和追求又都有所差异。佛虽然运用一个声音对众说法,但每一位众生都认为佛是在对自己说法,是在按照自己的意愿在说法,因此都感到非常满意。月霞大师认为,这首偈颂赞扬了佛的讲经说法具有满足一切众生愿望、自在讲说各种法门的不可思议的奇妙功能,是对华严宗十玄门中诸法相即自在门的展现。

《维摩诘经·佛国品第一》云:"佛以一音演说法,众生各各随所解,普得受行获其利,斯则神力不共法。"月霞大师对此解释说:"此赞意业不思议也。各各随所解者,各以所行之道而解佛一音之法也;以如来证得圆满不二之理,圆音一唱,殊途同归;虽所行各别,而得益一致也;此即华严托事显法生解门,岂二乘权

---

① 月霞:《维摩诘经讲义录》,第37页。
② 月霞:《维摩诘经讲义录》,第37页。

教菩萨所能共哉！"① 众生闻听佛法之后，虽然各各依据自己的修行状况对佛所说的一音之法做出了不同的理解，但是却又都走上了相同的最终归宿，收获了相同的利益。月霞大师认为，这首偈颂赞扬了佛的意业所具有的不可思议的功能，是对华严宗十玄门中托事显法生解门的展现。

《维摩诘经·佛国品第一》云："佛以一音演说法，或有恐畏或欢喜，或生厌离或断疑，斯则神力不共法。"月霞大师对此解释说：

> 此亦赞意业不思议也。以如来证得涅槃妙心，实相无相，其所说法音，皆从中流出，意味无穷。……有恐畏、欢喜、厌离、断疑之不同者，行愿见解各别故也。恐畏等者，一圆音教，或作事解，而恐畏其苦；或作理解，而恐畏其玄妙难入；或作事解，而欢喜得乐；或作理解，而欢喜悟入；或作浅解，而厌离我执；或作深解，而厌离法执；或闻法音而不疑于人，或由一音见谛理而不疑于法；虽则得益各殊，实由一音不思议之法。此即华严微细相容安立门，故与二乘权教菩萨不共耳！②

佛所说法，皆从自心所证法门中流出，因而意味无穷。由于每一位闻听佛法的众生在修行、愿望、见解等方面都有所不同，因而就产生了恐畏、欢喜、厌离、断疑等不同的效果。月霞大师认为，这首偈颂与上一首一样，都是赞扬佛的意业具有不可思议的功能，是对华严宗十玄门中微细相容安立门的展现。实则维摩诘从须弥灯王佛所借来三万二千高广之坐，纳入自己的方丈之

---

① 月霞：《维摩诘经讲义录》，第37页。
② 月霞：《维摩诘经讲义录》，第38页。

室，乃是由于"净明证得法性之身，世间依正二报，皆随法身之所转变，故于一多大小，圆融无碍，互摄互容，不可以心思言议也"①。以及下文所说的纳须弥于芥子之内，断取阿閦佛国接入娑婆世界之中等，从其所表述的意义上看，也都是对华严宗十玄门中微细相容安立门的展现。

《维摩诘经·佛道品第八》云："尔时会中有菩萨，名普现色身，问维摩诘言：'居士！父母妻子，亲戚眷属，吏民知识，悉为是谁？奴婢童仆，象马车乘，皆何所在？'"维摩诘居士的神通智慧，辩才无碍，获得了随行诸大众的由衷钦佩，大家很想对维摩诘居士展开进一步的了解，于是普现色身菩萨就代表大众就许多相关问题提出询问。月霞大师对此解释说：

> 普现色身谓能于十法界中，普现其身；又能现十法界身，度脱众生；又能于自身中应现十法界身，故云普现色身。此菩萨出席请问者，由上所说行于非道通达佛道，非种为如来种，即普现色身义也。净名现居士色身，必有父母妻子亲戚眷属等，既有吏民知识奴婢童仆象马车乘等，何不现此等色身？意谓主既清净，伴净亦然，有主无伴，即同二乘，安显主伴圆明具德乎！故云皆何所在。②

普现色身既能普于十法界现身，又可以现十法界身，还可以于自身现十法界，故而对维摩诘相关的法界众生极为关注，希望通过他们，形成对维摩诘的全面了解。月霞大师以维摩诘为主，其相关的法界众生为伴，认为由此可以展现出华严宗十玄门中的主伴圆明具德门。我们平常说，可以从家庭和社会关系中全面了

---

① 月霞：《维摩诘经讲义录》，第 211 页。
② 月霞：《维摩诘经讲义录》，第 262—263 页。

解一个人，就是这个道理。

月霞大师既然引《华严经》以释《维摩诘经》，又判《维摩诘经》为五教并用，并且还将《维摩诘经》中的文句摄入法界三观之中，那么就意味着《维摩诘经》在义理境界上与华严圆教具有重合之处。因此我们可以说，《维摩诘经》中凡是展现十玄境界的，都可以判属华严宗五教中的圆教所摄。

通过引用《华严经》、运用五教判释、摄入华严三观、展现十玄境界，月霞大师最终将所该经纳入了华严宗的教理思想体系之中。

月霞大师的《维摩诘经讲义录》是对《维摩诘经》注疏的丰富和发展。《维摩诘经》在中土极为盛行，历代不乏讲疏之者，其中最著名的自然要数天台智者大师的《维摩诘经玄疏》了。智者大师的著作，基本上都是自己口述，然后由门下弟子章安灌顶等人笔录而成，而这部经疏就是智者大师在晋王杨广请求下的亲笔著述，其可贵性由此即可见一斑，后来经荆溪湛然删削治定，收入大藏经中，风行中外，成为讲疏《维摩诘经》的范本，而《维摩诘经》也仿佛成为最适宜运用天台宗义理进行讲疏、最适宜展现天台宗义理的一部经典。月霞大师于天台宗五重玄义、四释消文之外，运用华严宗讲经说法的体例，对《维摩诘经》展开十门分别，于随文释义中展现了法界三观、十玄无碍等华严宗义理，因此可以说是对《维摩诘经》注疏的丰富和发展。

月霞大师的《维摩诘经讲义录》是对华严宗讲经说法的丰富和发展。中国华严宗义理创造的高峰在唐代，由帝心杜顺、云华智俨、贤首法藏、清凉澄观、圭峰宗密等华严宗的五祖具体完成，此后再没有什么突破性进展。北宋时期的长水子璇得以列为华严尊宿，其最重大的功业，则是运用华严宗讲经说法的体例讲疏

《楞严经》。同样道理，明末高僧云栖袾宏则是以华严宗讲经说法的体例讲说《弥陀经》而被尊为华严宗祖师。月霞大师运用华严宗体例讲说《维摩诘经》，使其成为展现华严宗义理的一部经典，在某种程度上与长水子璇、云栖袾宏一样，是对华严宗弘法方式的丰富和发展。

月霞大师虽然是近代华严宗中兴的代表人物，但其著作得以传世的却不多见。在某种程度上我们甚至可以说，这部《维摩诘经讲义录》就是我们了解月霞大师的思想，特别是其华严思想的最重要的一部著作。

主要参考文献

南怀瑾：《维摩诘的花雨满天》，北京：东方出版社，2014年。

徐文明：《维摩诘经译注》，北京：中华书局，2012年。

释心田：《图解维摩诘经》，北京：紫禁城出版社，2009年。

黄宝生译注：《梵汉对勘维摩诘所说经》，北京：中国社会科学出版社，2011年。

程恭让：《佛典汉译、理解与诠释研究：以善巧方便一系概念思想为中心：全二卷》，北京：中国社会科学出版社，2017年。

赖永海，高永旺：《维摩诘经》，北京：中华书局，2010年。

后　记

　　我非常喜欢读诵《维摩诘经》，自 2000 年来，每年都会持诵一两遍，但也仅此而已，并没有就该经做过更多的工作。2020 至 2021 年间，我奉中国社会科学院荣誉学部委员杨曾文老师之命，点校禅宗典籍《一贯别传》，以此缘故，认识了中州古籍出版社的刘晓先生，彼此多有微信往复。大概是 2022 年 5 月的一天，刘晓先生问我："韩老师，我们出版社有一个出版的计划，为了方便普通读者，需要对国学经典做一点儿必要的注释和翻译，就是把古代汉语翻译成现代汉语，诚邀您注译一下《维摩诘经》。"我欣然应允，以为于此有所用力，也算是不负二十多年来数十遍的持诵了。

　　我在正式动手注译之前，决定先了解一下《维摩诘经》注解本的状况，于是在百度网和当当网上搜索一下，发现目前坊间流行的注释和解读此经的读本非常多，颇有点儿令人眼花缭乱的感觉了。我不禁大费踌躇，甚至开始怀疑再做注译的必要性。因与徐文明教授最为相熟，就拨通他的电话，将我新近的承诺以及心中的疑惑和盘托出，希望从这位我非常尊敬和信赖的师友那里获得指导和建议，以便下定决心去做还是不做。

　　徐教授告诉我："经典之所以是经典，就在于其可以被不同地域、不同时代、不同背景的人们进行永不间断的阅读，而且每一人的阅读、每一次的阅读都可以获得非常不同的体会和感悟；出版这种注译本，主要是为有兴趣的人们提供可以阅读的文本，但我们的注解，也可以反映出我们对这部经典的独特理解，你我具有多方面的不同，肯定也会对这部经典产生诸多的不同理解，相互参看，也许更有利于增进人们对这部经典的喜爱、理解和受用，更能体现其作为经典所具有的永恒价值。"徐教授的话，无疑是鼓励我勇敢地做下去。

徐教授的鼓励使我非常感激，于是我下定决心，鼓足干劲，承担下这项工作，以自己从《维摩诘经》中获得的受用为依据，按照自己的理解去注释、解读，给那些像我一样喜爱这部经典的读者提供一些力所能及的方便。我依据的底本是《径山藏》第24册（国家图书馆出版社，2016年）中所影印的鸠摩罗什译《维摩诘所说经》明刻本，同时以各种流通本为参考，历时三月，成此小册。校过样稿，刘晓先生说："我们这套丛书，可以写后记，韩老师也写一篇后记吧。"我想这个是必需的，于是写了这些话，记在文末。

韩焕忠

2022年10月10日

记于独墅湖畔虚室之中